LE DROIT EN SCHÉMAS

Le **droit des sociétés** en schémas

LE DROIT EN SCHÉMAS

Le **droit** des **sociétés** en schémas

5e édition

Isabelle Baudet

Docteur en droit,
Enseignant chercheur, Professeur Associé,
La Rochelle Business School , Excelia Group

ellipses

Dans la même collection

Retrouvez tous les titres de la collection *Le droit en schémas*

sur http://www.editions-ellipses.fr

ISBN 9782340-070400
©Ellipses Édition Marketing S.A., 2022
8/10 rue la Quintinie 75015 Paris

www.editions-ellipses.fr

Table des abréviations

al. : alinéa
AGE : Assemblée générale extraordinaire
AGO : Assemblée générale ordinaire
art. : article
BODACC : Bulletin officiel des annonces civiles et commerciales
BALO : Bulletin officiel des annonces légales obligatoires
C. civ : Code civil
C. com : Code de commerce
CA : Conseil d'administration
CFE : Centre de formalités des entreprises
CS : Conseil de surveillance
DG : Directeur général
DGU : Directeur général unique
DGD : Directeur général déféqué
EIRL : Entrepreneur individuel à responsabilité limitée
EURL : Entreprise unipersonnelle à responsabilité limitée
GEIE : Groupement européen d'intérêt économique
GIE : Groupement d'intérêt économique
IS : Impôt sur les sociétés
IR : impôt sur le revenu
PCA : Président du conseil d'administration
PDD : Président du directoire
PDG : Président directeur général
RCS : Registre du commerce et des sociétés
RSE : Responsabilité sociétale des entreprises
SA : Société anonyme
SARL : Société à responsabilité limitée
SAS : Société par actions simplifiée
SASU : Société par actions simplifiée unipersonnelle
SCA : Société en commandite par actions
SCI : Société civile immobilière
SCP : Société civile professionnelle
SE : Société européenne
SICAV : Société d'investissement à capital variable
SNC : Société en nom collectif

Introduction
Présentation du droit des sociétés

1. Distinction entre la société et l'entreprise individuelle

Avant d'aborder le droit des sociétés, il convient de préciser que la société n'est pas le seul cadre juridique de l'entreprise.

Il existe en France plus d'entreprises individuelles que d'entreprises exerçant leur activité économique sous la forme de société. Avec la création du régime de l'auto-entrepreneur en 2009, appelé depuis le 1er janvier 2016, micro-entrepreneur, les chiffres de l'INSEE révèlent une plus grande proportion de création sous la forme d'entreprise individuelle que sous la forme sociétale.

En fonction de ses projets, de ses perspectives d'évolution et de la nature de son activité, le créateur d'entreprise a en effet le choix entre :

- créer son entreprise individuelle,
- ou créer sa société.

La principale différence réside, avec la société, dans la création d'une entité juridique distincte de ses créateurs. L'activité est exercée par une personne morale qu'est la société. Dans l'entreprise individuelle, seul l'exploitant a la personnalité juridique. L'entreprise n'est qu'un élément de son patrimoine.

Il en ressort que selon la structure choisie, les formalités de création seront plus souples pour l'entreprise individuelle puisqu'une simple immatriculation suffit ; alors que la société nécessitera des formalités plus importantes : rédaction et enregistrement des statuts, formalités de publicité, etc.

Les règles de fonctionnement seront également plus souples pour l'entrepreneur individuel qui agira en son nom et pour son propre compte. Il prendra seul les décisions mais engagera en contrepartie sa responsabilité et répondra personnellement des dettes de l'entreprise.

Toutefois, depuis la loi n° 2022-172 du 14 février 2022 en faveur de l'activité professionnelle indépendante, le patrimoine personnel de l'entrepreneur individuel est mieux protégé puisque seuls les biens nécessaires à l'activité professionnelle pourront être saisis en cas de défaillance du débiteur entrepreneur. Ce régime permet de réduire l'étendue de sa responsabilité et d'isoler ses biens personnels des poursuites des créanciers professionnels.

Dans la société, le dirigeant agira au nom et pour le compte de la société. Il devra rendre compte de sa gestion aux associés et le cas échéant les consultera pour prendre certaines décisions. Il ne répondra pas personnellement des dettes de la société (sauf s'il opte pour une société à responsabilité indéfinie). Ses biens personnels seront en principe protégés de l'action des créanciers de la société.

1. Distinction entre la société et l'entreprise individuelle

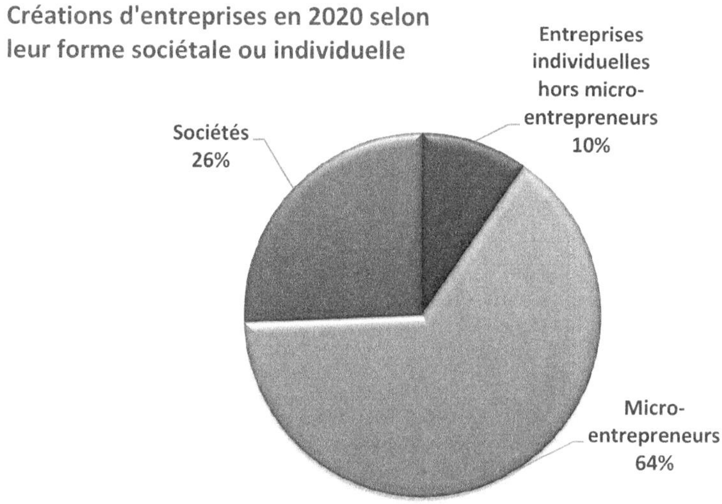

Source : Insee, répertoire des entreprises et des établissements (Sirene).

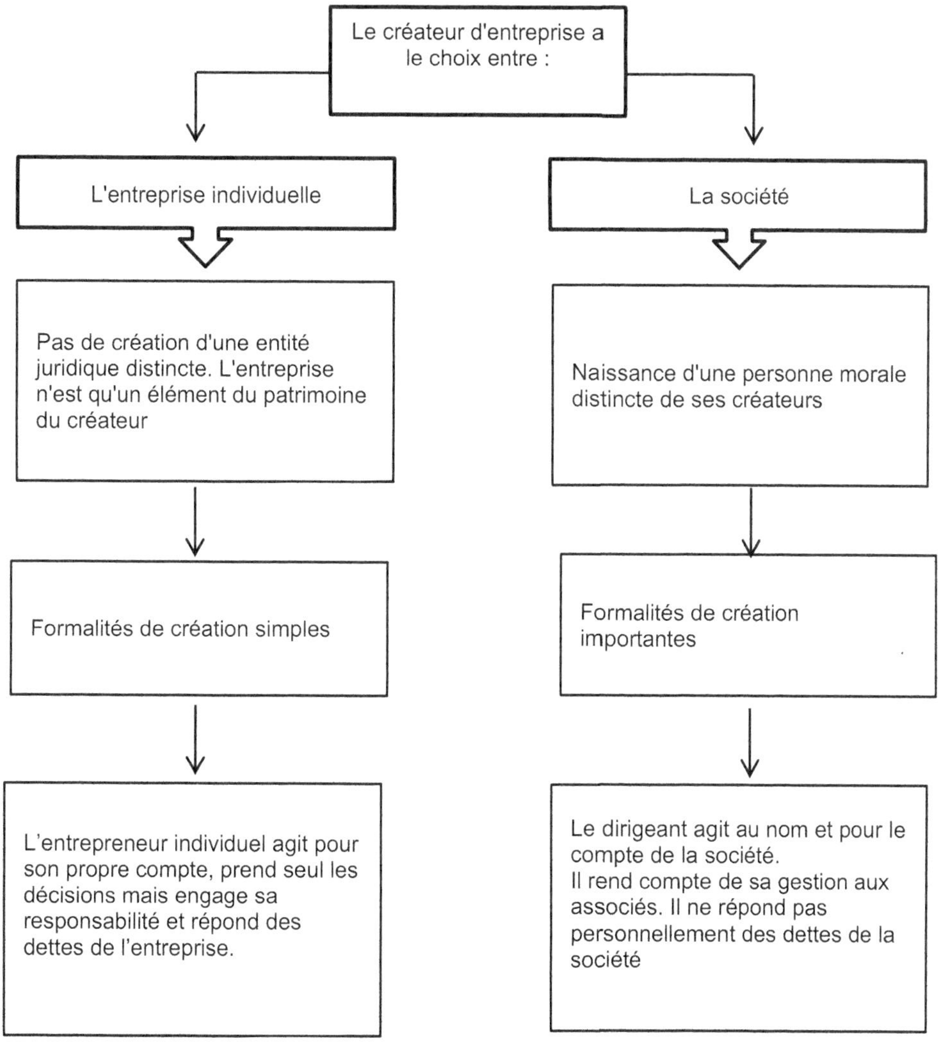

2. La diversité des sociétés

Les formes juridiques des sociétés sont variées. En effet, à côté des sociétés dites généralistes (sociétés à responsabilité limitée, sociétés par actions, sociétés en nom collectif et sociétés en commandite) que l'on étudiera dans cet ouvrage, il existe d'autres formes de sociétés à statut particulier propres à certaines activités. C'est le cas par exemple du groupement agricole d'exploitation en commun (GAEC) dans le secteur agricole ou dans le secteur libéral, de la société civile professionnelle (SCP) et de la société d'exercice libéral (SEL) ; ou encore pour des activités financières ou immobilières avec la société d'investissement à capital variable (SICAV) et la société civile de placement immobilier (SCPI).

Il existe par ailleurs des types de sociétés relevant de l'économie sociale et solidaire qui se distinguent par leur mode de fonctionnement et de gouvernance comme les coopératives ou les mutuelles.

On trouve enfin des structures de coopération entre entreprises, dotées de la personnalité juridique, soumises elles aussi à un statut particulier. À ce titre on peut citer la société européenne (SE), structure de coopération entre sociétés européennes et les groupements d'intérêt économique (GIE et GEIE), qui sont à la différence de la SE, non pas des sociétés, mais des structures intermédiaires entre la société et l'association.

3. Les sociétés commerciales et les sociétés civiles

Parmi les sociétés, on distingue traditionnellement les sociétés civiles, des sociétés commerciales.

Les sociétés commerciales sont commerciales à raison de leur forme juridique quelle que soit la nature de leur activité civile, commerciale ou industrielle exercée par ces sociétés. Ainsi, la loi considère comme commerciale toute société qui se constitue sous l'une des formes suivantes : société à responsabilité limitée (SARL), société anonyme (SA), société par actions simplifiée (SAS), société en nom collectif (SNC), société en commandite par actions (SCA) et société en commandite simple (SCS). Les sociétés commerciales sont régies principalement par le code de commerce.

Les sociétés civiles sont des sociétés dont l'activité est nécessairement civile telle que des activités libérales, agricoles ou de gestion de patrimoine immobilier. Si elles venaient à exercer une activité commerciale, elles seraient requalifiées en société commerciale. Les règles spécifiques aux sociétés civiles sont contenues dans le code civil aux articles 1845 et suivants.

2. La diversité des sociétés

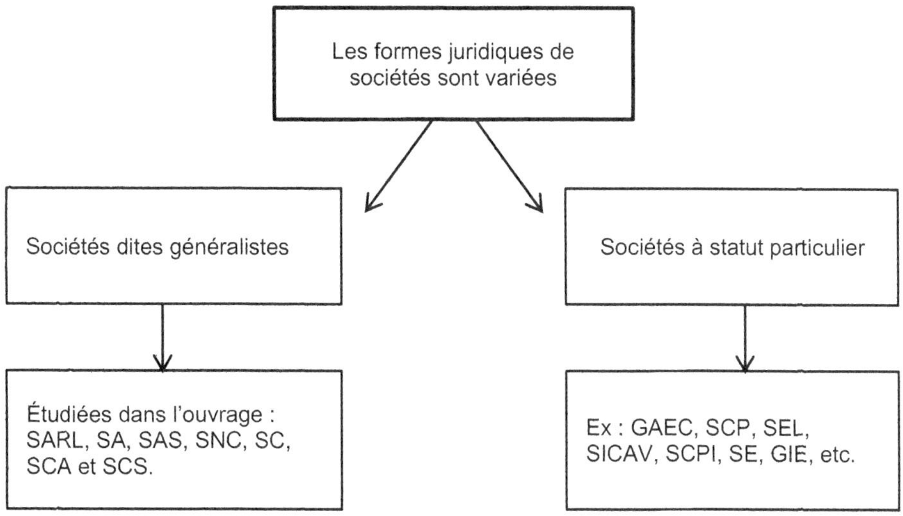

3. Les sociétés commerciales et les sociétés civiles

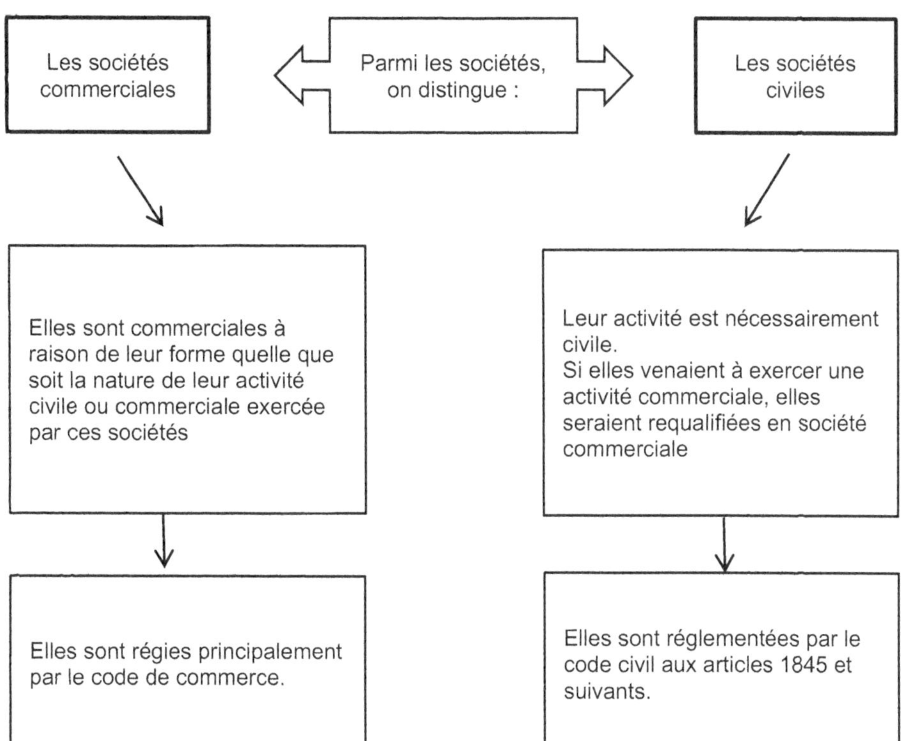

4. Les sociétés de personnes et les sociétés de capitaux

Les sociétés présentent par ailleurs des caractéristiques communes qui permettent de les regrouper en deux grandes familles : les sociétés de personnes et les sociétés de capitaux.

A. Les sociétés de personnes

Les sociétés de personnes présentent les caractéristiques suivantes :

- les associés décident de s'unir en considération de la personnalité de chacun, de la confiance réciproque, des compétences et de la solvabilité de chaque associé puisqu'ils encourent une responsabilité importante dans la mesure où ils répondent personnellement des dettes d'exploitation ;

- les droits des associés sont représentés par des parts sociales qui ne sont pas librement cessibles, ni négociables. Si un associé souhaite vendre ses parts, il devra obtenir l'agrément des autres associés qui peuvent s'opposer à l'arrivée d'un nouveau membre ;

- les associés disposent d'une plus grande liberté dans la rédaction des statuts. Les sociétés de personnes sont en effet moins réglementées que les sociétés de capitaux ;

- enfin ces sociétés sont en principe transparentes sur le plan fiscal. Elles ne sont pas assujetties à l'impôt sur les sociétés (l'IS). Le bénéfice est imposé au niveau des associés au titre de l'impôt sur le revenu (l'IR). Il est toutefois possible sous certaines conditions d'opter pour l'IS.

Relève de la catégorie des sociétés de personnes la SNC, la société civile et la société en commandite simple pour une partie de ses associés, les commandités, dont la responsabilité est indéfinie.

4. Les sociétés de personnes et les sociétés de capitaux

A. Les sociétés de personnes

Les sociétés de personnes présentent les caractéristiques suivantes :

↓

Les associés décident de s'unir en considération de la personnalité de chacun, de la confiance réciproque, des compétences et de la solvabilité de chaque associé.
Ils répondent personnellement des dettes d'exploitation.

↓

Les droits des associés sont représentés par des parts sociales qui ne sont pas librement cessibles, ni négociables.

↓

Les associés disposent d'une plus grande liberté contractuelle. Ces sociétés sont moins réglementées que les sociétés de capitaux.

↓

Ces sociétés sont en principe transparentes sur le plan fiscal, le bénéfice est imposé au niveau des associés qui sont personnellement assujettis à l'impôt sur le revenu.

} SNC
SC
SCS

B. Les sociétés de capitaux

Dans les sociétés de capitaux, les personnes s'associent principalement pour mettre des capitaux en commun et les faire fructifier.

La personnalité des associés joue un rôle moins important que les capitaux apportés par ces mêmes associés à la société.

Par conséquent :

- la responsabilité des associés est limitée au montant de leurs apports ;
- les droits des associés sont représentés par des actions qui sont librement cessibles et négociables ;
- L'ouverture du capital social à des investisseurs extérieurs est pour certaines de ces sociétés de capitaux facilitée par l'offre au public de titres financiers et par l'admission de titres aux négociations sur un marché réglementé ;
- Ces sociétés sont étroitement réglementées et laissent moins de place à la liberté statutaire (à l'exception de la SAS) ;
- Enfin, ces sociétés de capitaux sont, sur le plan fiscal, opaques c'est-à-dire que les bénéfices sont imposés au nom de la société à l'impôt sur les sociétés (mais certaines d'entre elles, sous certaines conditions, peuvent opter pour l'impôt sur le revenu)

Font partie de cette catégorie de sociétés de capitaux la société anonyme (SA), la société par actions simplifiée (SAS) et la société en commandite par actions (SCA).

B. Les sociétés de capitaux

Les sociétés de capitaux présentent les caractéristiques suivantes :

Les personnes s'associent principalement pour mettre des capitaux en commun et les faire fructifier.
La personnalité des associés joue un rôle moins important que les capitaux apportés à la société.

Les droits des associés sont représentés par des actions qui sont librement cessibles et négociables.

L'ouverture de leur capital social à des investisseurs extérieurs est pour certaines de ces sociétés de capitaux facilitée par l'offre au public de titres financiers et par l'admission de titres aux négociations sur un marché réglementé.

Ces sociétés de capitaux sont, sur le plan fiscal, opaques c'est-à-dire que les bénéfices sont imposés au nom de la société à l'impôt sur les sociétés (mais certaines d'entre elles peuvent opter pour l'impôt sur le revenu).

SA

SAS

SCA

C. Une distinction relative

La classification des sociétés dans l'une ou l'autre de ces deux catégories n'est pas toujours pertinente car certaines sociétés empruntent à la fois les caractéristiques des sociétés de personnes et des sociétés de capitaux.

Ainsi, la SARL est une société dite mixte. Elle est assimilée aux sociétés de capitaux dans la mesure où ses associés ne supportent les dettes qu'à concurrence de leurs apports. Sur le plan fiscal, elle est assujettie à l'impôt sur les sociétés (sauf pour la SARL de famille ayant opté pour le régime fiscal des sociétés de personnes). Néanmoins, elle se rapproche des sociétés de personnes car les parts sociales détenues par les associés ne sont pas librement cessibles sans l'accord de tout ou partie des associés. Ainsi, l'associé d'une SARL qui souhaite vendre ses parts sociales à une personne non associée et donc étrangère à la société devra obtenir l'accord de tout ou partie des autres associés qui peuvent accepter ou non cette personne comme nouvel associé.

Une place particulière doit également être réservée aux sociétés en commandite (SCS et SCA) qui comportent deux catégories d'associés avec une responsabilité différente selon qu'ils sont commandités ou commanditaires :

- les commandités ont une responsabilité indéfinie, comme dans les sociétés de personnes ;
- les commanditaires ont une responsabilité limitée, comme les associés d'une société de capitaux.

Enfin, la SAS, classée dans les sociétés de capitaux, peut en fonction des clauses insérées dans ses statuts, attacher plus d'importance à la personnalité des associés qu'aux capitaux et s'apparenter aux sociétés de personnes.

C. Une distinction relative

Certaines sociétés empruntent à la fois les caractéristiques des sociétés de personnes et des sociétés de capitaux

↓ ↓ ↓

La SARL est une société dite mixte.

Assimilée aux sociétés de capitaux dans la mesure où ses associés ne supportent les dettes qu'à concurrence de leurs apports et que sur le plan fiscal elle est assujettie à l'impôt sur les sociétés (sauf option pour l'IR).

Elle se rapproche néanmoins des sociétés de personnes car les parts sociales détenues par les associés ne sont pas librement cessibles.

Les sociétés en commandite (SCS et SCA) comportent deux catégories d'associés avec une responsabilité différente selon qu'ils sont commandités ou commanditaires :

- les commandités ont une responsabilité indéfinie, comme dans les sociétés de personnes ;

- les commanditaires ont une responsabilité limitée, comme les associés d'une société de capitaux.

La SAS, classée dans les sociétés de capitaux, peut en fonction des clauses insérées dans les statuts, attacher plus d'importance à la personnalité des associés qu'aux capitaux et s'apparenter aux sociétés de personnes.

5. Répartition des sociétés commerciales créées selon leur forme juridique

Bien que de création plus récente, la SAS (société par actions simplifiée) qui se caractérise par une grande liberté de fonctionnement est devenue la forme juridique de société la plus choisie.

Les statistiques de l'INSEE pour l'année 2021 confirment l'attractivité de la SAS qui représente 68 % des créations de sociétés. Elle supplante depuis plusieurs années la SARL. Selon les estimations, la SAS devrait encore gagner du terrain sur les autres formes juridiques de sociétés.

6. Les sources du droit des sociétés

Le droit des sociétés connaît de nombreuses réformes. Il est en constante évolution. Par ailleurs, de nombreuses directives européennes ont été adoptées et transposées en droit français.

La majorité des textes législatifs ou réglementaires intéressant le droit des sociétés se trouve regroupée principalement :

- dans le code de commerce pour les règles relatives aux sociétés commerciales,
- dans le code civil pour les règles générales relatives à la formation du contrat de société et pour les règles spécifiques aux sociétés civiles.

7. Intégration de la responsabilité sociétale des entreprises

Parmi les réformes, il convient de noter la part grandissante de la RSE (responsabilité sociétale des entreprises) dans le droit des sociétés qui était jusqu'ici réservée aux grandes entreprises, comme l'obligation d'établir un *reporting* extra-financier et plus récemment, l'obligation d'insérer dans le rapport de gestion une déclaration de performance extra-financière (article L225-102-1 du code de commerce)

La loi n° 2019-486 du 22 mai 2019 relative à la croissance et la transformation des entreprises (dite loi Pacte) étend désormais à l'ensemble des sociétés l'obligation de prendre en considération, dans leur gestion, les enjeux sociaux et environnementaux de leur activité (article 1833, alinéa 2, du code civil).

Par ailleurs, la loi Pacte encourage les sociétés à s'engager dans la voie de la RSE en les amenant à réfléchir sur leur « raison d'être » qui peut, si elles le souhaitent, être formalisée dans leurs statuts (article 1835 du code civil). Les sociétés commerciales peuvent également conforter leur engagement en adoptant le statut des sociétés à mission (articles L210-10 à L210-12 du code de commerce). Il s'agit de sociétés qui se donnent pour mission de poursuivre, dans le cadre de leur activité, un ou plusieurs objectifs sociaux et environnementaux dont la réalisation fait l'objet d'un suivi et d'une vérification par un organisme tiers indépendant. La qualité de société à mission donne lieu à une déclaration au greffe du tribunal de commerce et à une publication.

5. Répartition des sociétés commerciales créées selon leur forme juridique

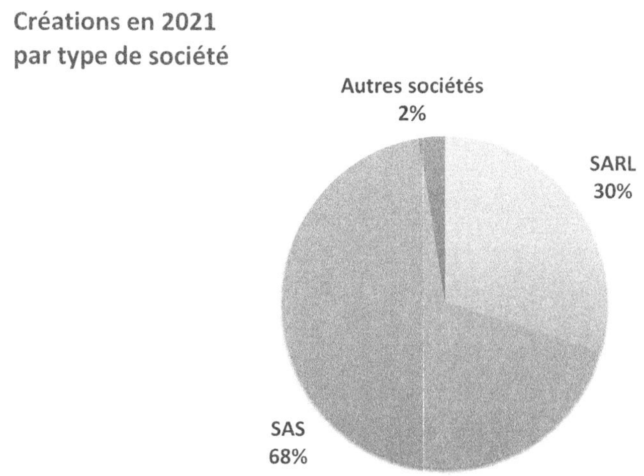

Source : Insee, répertoire des entreprises et des établissements (Sirene).

6. Les sources du droit des sociétés

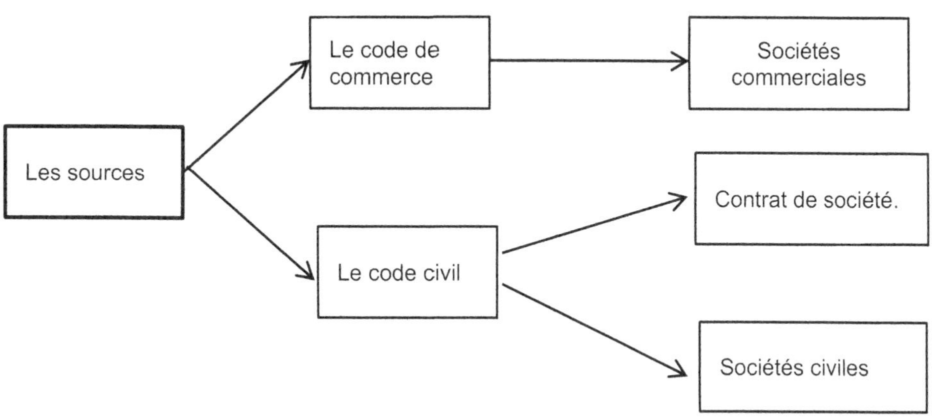

7. Intégration de la responsabilité sociétale des entreprises

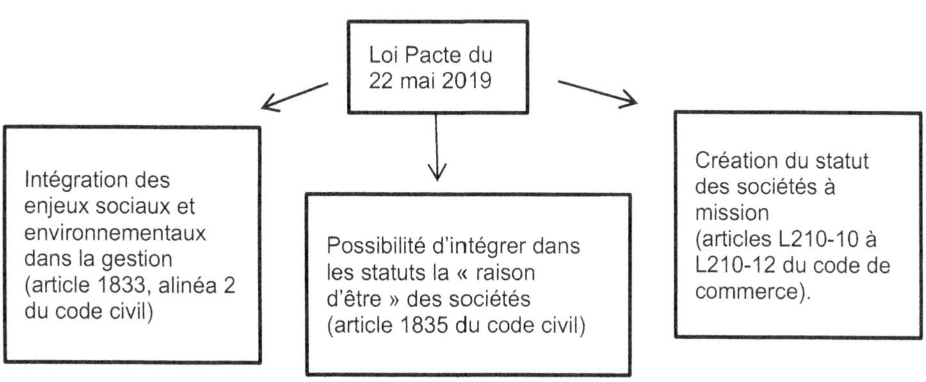

Partie 1
Les règles juridiques communes à toutes les sociétés

Titre 1. Création de la société

Chapitre 1. Les éléments du contrat de société

Section 1. Les éléments du contrat de société

La société trouve sa définition dans l'article 1832 du code civil :
« La société est instituée par deux ou plusieurs personnes qui conviennent par un contrat d'affecter à une entreprise commune des biens ou leur industrie en vue de partager le bénéfice ou de profiter de l'économie qui pourra en résulter.
Elle peut être instituée, dans les cas prévus par la loi, par l'acte de volonté d'une seule personne.
Les associés s'engagent à contribuer aux pertes. »

La réalisation d'une société suppose donc la réunion des conditions suivantes :

- la volonté d'une ou plusieurs personnes nommées, associés ;
- l'affectation, par ces mêmes associés, de biens ou de leur industrie qui constituent des apports faits à la société ;
- l'engagement des associés à partager les bénéfices et à contribuer aux pertes de la société.

Toutes ces conditions sont détaillées et formalisées dans un écrit qui forme les statuts de la société.

Section 2. La volonté d'un ou plusieurs associés

§ 1. La volonté de s'associer

Cette volonté a pour nom l'*affectio societatis*. La jurisprudence a développé cette notion traditionnellement admise en droit des sociétés. Elle signifie l'intention pour les associés de s'engager dans un projet commun et d'y participer de manière égalitaire. Cette notion permet de distinguer le contrat de société du contrat de travail qui se caractérise par un lien de subordination. La jurisprudence a fait de l'*affectio societatis* une condition indispensable du contrat de société.

§ 2. La capacité des associés

Les associés peuvent être des personnes physiques ou morales (sociétés, associations etc.). Un associé peut être mineur, il agira alors par l'intermédiaire de son représentant légal. La majorité est cependant exigée pour certaines sociétés où les associés ont la qualité de commerçant comme dans les SNC.

§ 3. Le nombre d'associés

Le nombre minimum d'associés varie en fonction de la structure juridique choisie. La société peut être constituée par un seul associé (EURL et SASU). Un minimum de deux associés est nécessaire pour la SA, SARL, SAS, SCS, SNC et la société civile . La loi ne fixe en revanche aucun maximum, à l'exception de la SARL qui ne peut compter plus de cent associés.

Titre 1. Création de la société

Chapitre 1. Les conditions du contrat de société

Section 1. Les éléments du contrat de société

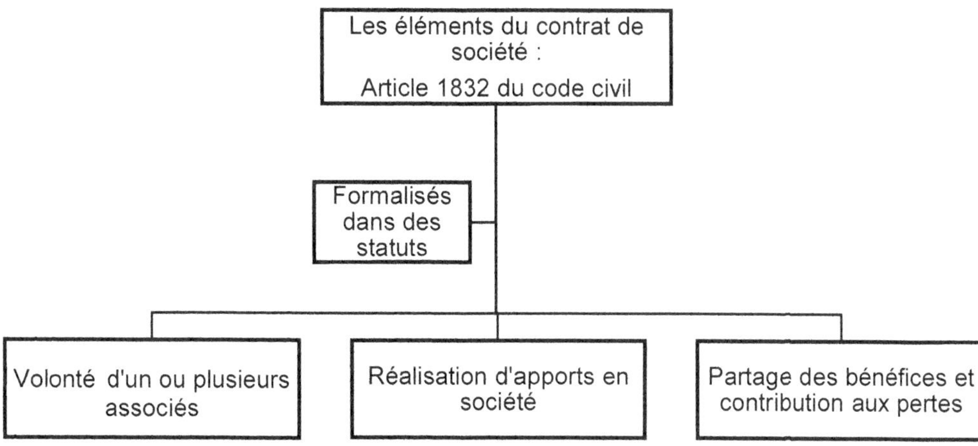

Section 2. La volonté d'un ou plusieurs associés

§ 1. La volonté de s'associer ou l'*affectio societatis*	**§ 2. La capacité des associés**	**§ 3. Le nombre d'associés**
• Engagement dans un projet commun et participation de manière égalitaire • Permet de distinguer le contrat de société des autres contrats (contrat de travail, mandat etc.)	• Personne physique ou morale • Associé mineur • Associé obligatoirement majeur pour les SNC	• Un seul associé (EURL,SASU) • 2 associés minimum (SA,SARL,SAS, SNC,SCS, SC)

Section 3. La réalisation d'apports en société

§ 1. Définition

L'apport est un bien qui peut être une somme d'argent, un immeuble, un fonds de commerce, un brevet etc. qu'un associé s'engage à remettre à la société. En contrepartie de cet apport, l'associé reçoit des droits sociaux qui portent le nom de parts sociales ou actions suivant le type de société. Ces parts ou actions détenues vont conférer à l'associé des droits : droit aux bénéfices, droit de vote et droit d'information sur la situation de la société. La réunion des apports forme le capital de la société.

§ 2. Apports en société et apports ou avances en compte courant

Les apports ou avances en compte courant ne sont pas des apports en société. Ce sont des prêts que les associés consentent à la société pour faire face à des besoins de trésorerie. Ils ne concourent pas à la formation du capital social. Les associés créanciers sont rémunérés, comme n'importe quel prêteur, par le versement d'un intérêt non lié à la réalisation des bénéfices. Ces apports en compte courant sont fréquents et présentent l'avantage pour la société de pouvoir déduire, dans une certaine limite, les intérêts versés de son résultat imposable.

§ 3. Les trois catégories d'apports : en numéraire, en nature et en industrie.

L'apport en numéraire est un apport en argent. Les statuts fixent la proportion de l'apport qui doit être libérée, c'est-à-dire effectivement payée lors de la souscription au capital. Cette libération est partielle ou totale selon le type de société. Les fonds versés doivent être déposés sur un compte bloqué soit dans une banque, soit à la caisse des dépôts et consignation, soit chez un notaire. Ils seront débloqués lorsque la société sera immatriculée au registre du commerce et des sociétés pour être virés sur le compte courant ouvert au nom de la société et permettre aux dirigeants d'en disposer pour faire face aux premiers besoins de l'entreprise.

L'apport en nature est l'apport d'un bien corporel ou incorporel, mobilier ou immobilier (brevet, fonds de commerce, terrain, véhicule, machine...). Leur évaluation doit, selon la forme juridique de la société, être obligatoirement réalisée par un commissaire aux apports afin d'éviter que le bien soit surestimé ce qui aurait pour conséquence de gonfler artificiellement le montant du capital social. Enfin, l'apport en nature peut être fait :

- en pleine propriété : la société en devient donc propriétaire,
- en jouissance : le bien est mis à la disposition de la société pour un temps déterminé, mais l'associé reste propriétaire du bien ;
- en usufruit : la société a le droit d'utiliser le bien et d'en percevoir les éventuels revenus. L'associé reste titulaire de la nue-propriété.

L'apport en industrie est un apport un peu particulier puisqu'il consiste pour l'associé à réaliser une prestation, un service, à mettre à la disposition de la société un travail ou ses connaissances techniques ou son réseau. Cet apport est interdit dans les sociétés anonymes. Contrairement aux autres apports et parce qu'il est insaisissable, il ne concourt pas à la formation du capital social. L'apporteur recevra, néanmoins, des parts sociales lui donnant droit aux bénéfices.

Section 3. La réalisation d'apports en société

§ 1. Définition

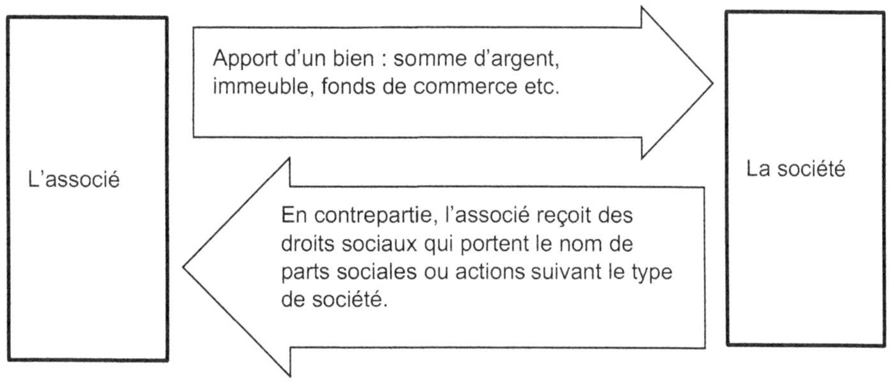

§ 2. Apports en société et apports ou avances en compte courant

Apports en société →	Contribuent à la réalisation du capital social →	Donnent lieu à l'attribution de parts sociales ou d'actions
Apports ou avances en compte courant →	Prêt d'argent pour faire face à un besoin de trésorerie de la société →	Donnent lieu au versement d'un intérêt

§ 3. Les trois catégories d'apports : en numéraire, en nature et en industrie

L'apport en numéraire	L'apport en nature	L'apport en industrie
• Somme d'argent	• Bien corporel ou incorporel, mobilier ou immobilier (brevet, fonds de commerce, terrain, véhicule, machine…)	• Prestation, service, mise à disposition d'un travail ou de connaissances techniques ou d' un réseau.

Ces apports concourent à la formation du capital social

Section 4. L'engagement à partager les bénéfices et à participer aux pertes.

§ 1. Le partage des bénéfices

Le partage des bénéfices doit profiter à l'ensemble des associés. La répartition se fait le plus souvent à proportion de la part de chaque associé dans le capital social. Prenons l'exemple d'une société au capital social de 9 000 €. Un des associés a réalisé un apport en nature évalué à 3 000 €. Sa part dans le capital social étant d'1/3, il percevra 1/3 des bénéfices.

Cependant, les associés peuvent convenir dans les statuts d'une répartition différente. Il n'est pas interdit d'avantager un associé. Cette liberté est toutefois limitée par la prohibition des clauses léonines. L'article 1844-1 du code civil répute, en effet, non écrite, la clause attribuant à un associé la totalité du profit procuré par la société ou excluant totalement un associé de ce profit.

Enfin, il convient de noter que le partage des bénéfices n'est pas le seul objectif prévu par la loi. Selon l'article 1832 du code civil, une société peut également être constituée en vue de réaliser une économie qui profitera à l'ensemble de ses associés, comme la centralisation d'achats de biens ou de services qui permettra d'obtenir des prix réduits.

§ 2. La participation aux pertes

Les modalités de la participation aux pertes sont équivalentes à celles applicables au partage des bénéfices. La règle de la proportionnalité va se traduire par l'obligation pour l'associé de contribuer aux pertes dans la limite de ses apports.

Comme pour le partage des bénéfices, les clauses léonines sont également prohibées. Il est donc interdit d'exonérer un associé de la totalité des pertes ou de lui attribuer l'ensemble des pertes.

Toutefois, la participation aux pertes est plus étendue dans les sociétés où la responsabilité des associés est indéfinie (société en nom collectif, société civile) puisque les créanciers de la société peuvent, en cas de non-paiement des dettes sociales et sous certaines conditions, poursuivre les associés sur leur patrimoine personnel.

Il en va différemment de la situation des associés dans les sociétés à responsabilité limitée (SA, SARL, SAS…). Dans ces sociétés, les associés assument les dettes dans la limite de leur apport. L'engagement à contribuer aux pertes n'ira pas au-delà. Autrement dit, ils perdront leur apport ou leur mise initiale, mais ne seront pas tenus de payer personnellement les dettes de la société.

Section 4. L'engagement à partager les bénéfices et à participer aux pertes.

§ 1. Le partage des bénéfices

- A proportion de la part de chaque associé dans le capital social
- Possibilité de prévoir une répartition différente.
-Interdiction d'attribuer à un associé la totalité du profit procuré par la société ou excluant totalement un associé de ce profit (clause léonine)

Une société peut également être constituée en vue de réaliser une économie qui profitera à l'ensemble de ses associés

§ 2. La participation aux pertes

- A proportion de la part de chaque associé dans le capital social
- Possibilité de prévoir une répartition différente
-Interdiction d'exonérer un associé de la totalité des pertes ou de lui attribuer l'ensemble des pertes (clause léonine)

La participation aux pertes est plus étendue dans les sociétés où la responsabilité des associés est indéfinie (société en nom collectif et société civile). Dans les sociétés à responsabilité limitée, la contribution aux pertes ne peut excéder le montant de l'apport.

Chapitre 2. Les formalités de constitution

Section 1. La rédaction des statuts

§ 1. La forme

Les statuts constituent le contrat de société. De nombreux modèles existent sur Internet et permettent aux fondateurs de s'en inspirer pour rédiger eux-mêmes les statuts. Ils peuvent être sous signature privée. Le recours au notaire sera cependant obligatoire en cas d'apport d'un immeuble.

§ 2. Les mentions obligatoires

Les statuts déterminent, outre les apports de chaque associé, la forme juridique, l'objet qui définit l'activité de l'entreprise, l'appellation (V. *infra,* Section 3), le siège social (V. *infra,* Section 3), le capital social, la durée de la société qui ne peut excéder 99 ans et les modalités de son fonctionnement.

§ 3. Les documents annexés aux statuts

En cas de de réalisation d'apports en nature, nous avons vu précédemment que l'évaluation de l'apport devait être, selon les sociétés, réalisée par un commissaire aux apports. Ce dernier va dresser un rapport qui devra être annexé aux statuts.

Seront également joints aux statuts, le certificat de dépôt des fonds correspondant aux apports en numéraire et un état des actes éventuellement accomplis pour le compte de la société en formation (achat de mobilier, signature d'un bail commercial par exemple). La signature des statuts emportera reprise par la société des engagements pris lorsque celle-ci aura été immatriculée au registre du commerce et des sociétés.

Enfin, si le ou les premiers dirigeants ne sont pas nommés dans les statuts, il conviendra de joindre les actes de nomination du ou des dirigeants.

§ 4. L'avis de constitution

Un avis informant de la constitution de la société avec ses caractéristiques (dénomination sociale, forme, capital social, siège social, objet etc.) doit être réalisé dans un journal habilité à recevoir des annonces légales. Cette formalité a pour objectif d'informer le public de la constitution de la société.

Section 2. L'immatriculation de la société

Une fois que les formalités ci-dessus décrites ont été accomplies, un dossier complet, accompagné d'un formulaire d'une demande d'immatriculation doit être déposé au Centre de formalité des entreprises (CFE). Ce centre chargé de centraliser les pièces du dossier va également informer les différents organismes et administrations intéressées par la création de la société (services sociaux, fiscaux, INSEE...). L'immatriculation est faite par le greffier du tribunal de commerce qui va délivrer un extrait K bis et va doter la société d'un numéro d'immatriculation au registre du commerce et des sociétés qui devra figurer sur tous ses documents. C'est également le greffier qui procédera à la parution dans le bulletin officiel des annonces civiles et commerciales (BODACC) d'une publicité annonçant l'immatriculation de la société.

Chapitre 2. Les formalités de constitution

Section 1. La rédaction des statuts

§ 1. La forme	Sous signature privée. Le recours au notaire est obligatoire en cas d'apport d'un immeuble.
§ 2. Les mentions obligatoires	Apports de chaque associé, forme, objet, appellation, siège social, capital social, durée, modalités de fonctionnement.
§ 3. Les documents annexés aux statuts	Rapport du commissaire aux apports, certificat de dépôt des fonds correspondant aux apports en numéraire, état des actes éventuellement accomplis pour le compte de la société en formation actes de nomination du ou des dirigeants.
§ 4. L'avis de constitution	Avis sur la constitution de la société avec ses caractéristiques dans un journal d'annonces légales.

Section 2. L'immatriculation de la société

Dépôt du dossier complet accompagné d'un formulaire d'une demande d'immatriculation au CFE.

↓

Information par le CFE des différents organismes et administrations intéressés par la création de la société

↓

Immatriculation par le greffier du tribunal de commerce qui va délivrer un extrait K bis, doter la société d'un numéro d'immatriculation au RCS et procéder aux formalités de publicité au BODACC

Section 3. La reconnaissance de la personnalité morale

§ 1. La personnalité juridique

L'immatriculation va donner naissance à une nouvelle entité, une personne morale dotée de la personnalité juridique qui est l'aptitude, pour une personne, à être sujet de droits et d'obligations. Comme les personnes physiques, les sociétés disposent d'un nom, d'un domicile, d'une nationalité, d'un patrimoine, de la capacité juridique et peuvent engager leur responsabilité civile ou pénale.

§ 2. Le nom

Le nom est librement déterminé par les associés. Il est appelé dénomination sociale pour désigner les sociétés commerciales et raison sociale lorsqu'il est composé du ou des noms des associés, pour désigner les sociétés civiles. Il est prudent cependant de s'assurer que le nom choisi est disponible, c'est-à-dire qu'il ne reproduit ou n'imite pas un nom qui bénéficie d'un droit antérieur (une marque déjà déposée, un nom d'entreprise connu…) pour des activités qui seraient identiques ou similaires. Une vérification de cette disponibilité est possible auprès de l'INPI. Le nom doit figurer sur tous les documents de la société (lettre, facture, publications…) suivi ou précédé de la forme juridique.

§ 3. Le domicile

C'est le siège social de l'entreprise. Lorsque la société possède plusieurs établissements, le siège social est le lieu où se trouvent sa direction et ses services administratifs et non le lieu d'exploitation. Le siège social détermine la loi applicable (si le siège se trouve en France, c'est la loi française qui est applicable), le lieu où doivent être accomplies les formalités légales de publicité, la nationalité de la société et le tribunal compétent. Lorsqu'une société est assignée, il est admis qu'elle peut l'être devant le tribunal du lieu où elle dispose d'un établissement.

Section 3. La reconnaissance de la personnalité morale

§ 1. La personnalité juridique

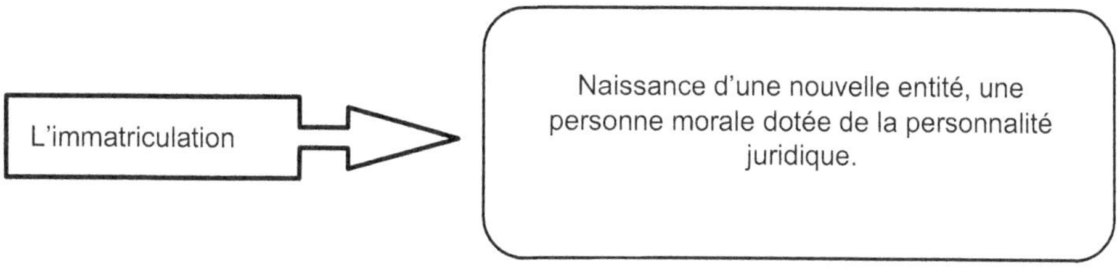

§ 2. Le nom

La dénomination sociale	⇨	Désigne les sociétés commerciales.
La raison sociale	⇨	Désigne les sociétés civiles .Elle est composée du ou des noms des associés.
La liberté de choix	⇨	Il est prudent de s'assurer que le nom choisi est disponible, c'est-à-dire qu'il ne reproduit ou n'imite pas un nom qui bénéficie d'un droit antérieur pour des activités qui seraient identiques ou similaires.
La mention du nom	⇨	Le nom doit figurer sur tous les documents de la société (lettre, facture, publications…) suivi ou précédé de la forme juridique.

§ 3. Le domicile

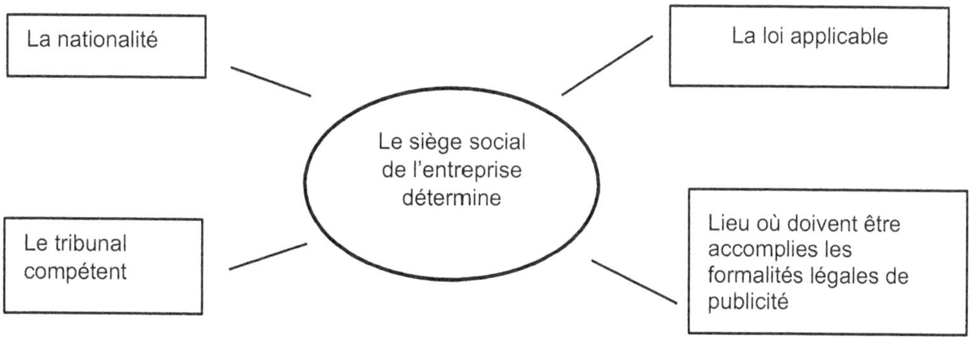

§ 3. Le patrimoine

La société dispose d'un patrimoine propre qui est distinct de celui de ses associés. Les créanciers d'un associé ne peuvent donc pas saisir les biens de la société. Inversement, les créanciers de la société n'ont aucun droit sur le patrimoine des associés à l'exception des associés dont la responsabilité est indéfinie (V. *supra*, Section 4, chap. 1). Enfin, un dirigeant qui utiliserait les biens sociaux à des fins personnelles se rend coupable du délit d'abus de biens sociaux.

Le patrimoine doit être distingué du capital social de la société. Ce dernier correspond à la valeur des apports qui ont été effectués par les associés ; alors que le patrimoine social, englobe l'actif qui est constitué de l'ensemble des biens et des créances de la société et le passif qui comprend l'ensemble des dettes et obligations de la société.

§ 4. La capacité

La société est une entité immatérielle. Elle a donc besoin pour exercer ses droits d'agir par l'intermédiaire de personnes physiques (les dirigeants) qui vont agir au nom et pour le compte de la société. Selon ce système de représentation, la société peut passer des contrats, acquérir des biens, ester en justice, etc.

§ 5. La responsabilité

La responsabilité civile de la société peut être mise en jeu pour les dommages qu'elle occasionne du fait de son activité. Elle peut également engager sa responsabilité pénale .Les infractions doivent avoir été commises pour le compte de la société par ses organes ou ses représentants. La responsabilité des personnes morales est sanctionnée par des amendes dont le taux maximum est de cinq fois celui applicable aux personnes physiques pour la même infraction. D'autres sanctions sont également prévues qui vont de l'affichage du jugement, de la confiscation des biens ayant servi à commettre l'infraction, jusqu'à la dissolution de la société.

§ 3. Le patrimoine

Le patrimoine social est distinct de celui de ses associés :

- Les créanciers d'un associé ne peuvent pas saisir les biens de la société.
- Les créanciers de la société n'ont aucun droit sur le patrimoine des associés à l'exception des associés dont la responsabilité est indéfinie.

Le capital social est distinct du patrimoine de la société :

- Le capital social correspond à la valeur des apports qui ont été effectués par les associés.
- Le patrimoine social englobe l'actif (biens et créances de la société) et le passif (dettes et obligations de la société).

§ 4. La capacité

La société est une entité immatérielle.

↳ Ce sont les représentants légaux qui vont agir au nom et pour le compte de la société.

↳ Selon ce système de représentation, la société peut passer des contrats, acquérir des biens, ester en justice, etc.

§ 5. La responsabilité

Responsabilité civile

⇩

Mise en jeu pour les dommages que la société occasionne.

Responsabilité pénale.

⇩

Engagée pour les infractions commises pour le compte de la société par ses représentants.

Chapitre 3. Les sociétés sans personnalité morale

Section 1. La société en participation et la société créée de fait

§ 1. La société en participation

La société en participation est une société dont les fondateurs conviennent que la société ne sera pas immatriculée. Ces sociétés ont un fonctionnement souple, sont discrètes et faciles à mettre en place. Elles sont relativement courantes dans le monde des affaires pour des opérations ponctuelles ou de coopération entre entreprises (gestion en commun de biens, réalisation de travaux publics importants etc.). Dans ce type de société, les associés déterminent librement le mode de fonctionnement interne de la société. La société en participation est régie par les articles 1871 et 1872 du code civil.

§ 2. La société créée de fait

La société créée de fait est une situation dans laquelle des personnes se comportent entre elles et agissent à l'égard des tiers comme de véritables associés sans en avoir pleinement conscience. La société créée de fait ne relevant pas d'une démarche volontaire, elle se révèle le plus souvent à l'occasion de litiges entre les personnes associées, ou avec des créanciers qui poursuivent en paiement plusieurs personnes qu'ils considèrent comme associés. L'article 1873 du code civil soumet la société crée de fait au même régime que celui de la société en participation.

Section 2. Le régime des sociétés en participation et des sociétés créées de fait

Ces sociétés n'ont pas la personnalité morale. Elles n'ont donc pas de capital social, de patrimoine propre, ni de dénomination sociale, ni de siège social. Elles ne peuvent exercer aucun droit.

N'ayant pas d'existence juridique propre, chaque associé contracte en son nom et engage sa responsabilité. Toutefois, si les participants agissent en qualité d'associés au vu et au su des tiers, chacun d'eux est tenu à l'égard des créanciers des actes ainsi accomplis, avec solidarité si la société est commerciale, sans solidarité dans les autres cas. La solidarité signifie que le créancier peut demander le remboursement total des sommes qui lui sont dues à l'un quelconque des associés, en général le plus solvable, même si ce dernier n'a pas contracté avec le créancier.

La preuve de l'existence de ces sociétés peut se faire par tous moyens. Il faudra donc démontrer que ces sociétés réunissent les conditions essentielles du contrat de société relatives aux associés, aux apports, à la participation aux gains et aux pertes.

Chapitre 3. Les sociétés sans personnalité morale

Section 1. La société en participation et la société créée de fait

§ 1. La société en participation

C'est une société dont les fondateurs conviennent que la société ne sera pas immatriculée. Elle est régie par les articles 1871 et 1872 du code civil.

§ 2. La société créée de fait

C'est une situation dans laquelle des personnes se comportent entre elles et agissent à l'égard des tiers comme de véritables associés sans en avoir pleinement conscience.

Section 2. Le régime des sociétés en participation et des sociétés créées de fait

Ces sociétés n'ont pas la personnalité morale.

Elles n'ont pas d'existence juridique propre.

Chaque associé contracte en son nom et engage sa responsabilité.

Toutefois, si les participants agissent en qualité d'associés au vu et au su des tiers, chacun d'eux est tenu à l'égard des créanciers des actes ainsi accomplis, avec solidarité, si la société est commerciale, sans solidarité dans les autres cas.

La preuve de l'existence de ces sociétés peut se faire par tous moyens. Il faudra donc démontrer que ces sociétés réunissent les conditions essentielles du contrat de société.

Titre 2. Organisation et fonctionnement des sociétés

Chapitre 1. Les organes de gestion et de direction

Section 1. Présentation des organes de gestion et de direction

Selon sa forme juridique, la société est gérée et dirigée par un ou plusieurs organes de direction.

§ 1. Les sociétés dirigées et gérées par un seul organe

Ces sont des structures qui sont dirigées par un gérant. La cogérance (plusieurs gérants) est également possible, mais elle suppose une bonne entente entre les dirigeants car ils détiennent séparément les mêmes pouvoirs de direction et de gestion.

La gérance est le mode utilisé pour les SARL, la société civile, la société en nom collectif, et les sociétés en commandite (SCS et SCA).

Les gérants peuvent être associés ou choisis en dehors des associés. À l'exception des SARL, la loi n'exclut pas la gérance par une personne morale qui exercera ses fonctions par l'intermédiaire de son représentant.

Il existe par ailleurs une forme juridique de société, la société par actions simplifiée (SAS), où les conditions dans lesquelles la société est dirigée sont librement déterminées dans les statuts. La seule exigence prévue par la loi est la nomination d'un président pour représenter la société à l'égard des tiers. Le président peut être une personne morale ou physique, associé, ou non. L'obligation de nommer un président comme représentant légal de la SAS n'empêche pas les associés d'adjoindre d'autres organes de gestion et de direction : comité de surveillance, conseil d'administration, directeur général, etc.

§ 2. Les sociétés dirigées et gérées par plusieurs organes

Pour les sociétés anonymes (SA), la loi impose un double niveau de direction et de gestion.

On distingue :

- la société anonyme dite classique où le pouvoir est réparti entre le conseil d'administration et le directeur général de la société.
- la société anonyme avec un directoire et un conseil de surveillance où les fonctions de direction et le contrôle sont dissociées.

Titre 2. Organisation et fonctionnement des sociétés

Chapitre 1. Les organes de gestion et de direction

Section 1. Présentation des organes de gestion et de direction.

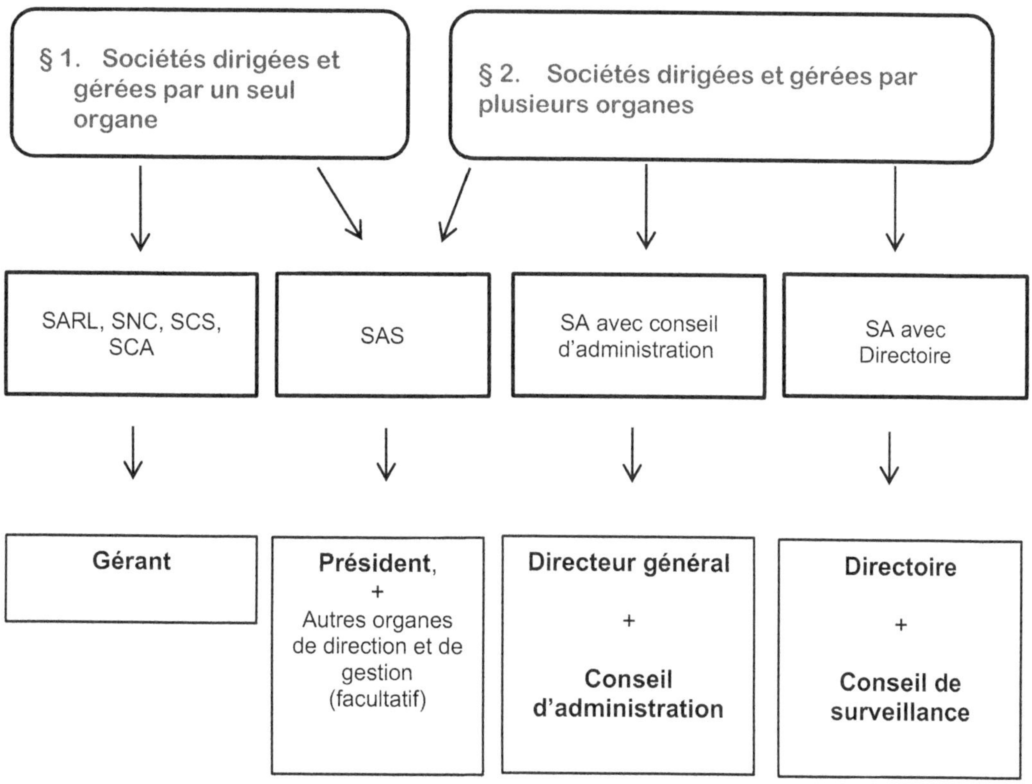

Section 2. Fonctions et pouvoirs des dirigeants

§ 1. Fonctions des dirigeants

Les dirigeants sont des mandataires sociaux : ils sont nommés, selon les règles propres à chaque type de société, par décisions collectives des associés pour agir au nom et pour le compte de la société. Les fonctions exercées par les dirigeants le sont donc en vertu d'un contrat de mandat et non d'un contrat de travail. Dans certaines sociétés et sous certaines conditions, le dirigeant peut toutefois cumuler ses fonctions de mandataire avec un contrat de travail.

§ 2. Pouvoirs des dirigeants

En sa qualité de mandataire, le dirigeant représente la société à l'égard des tiers. Il va prendre au nom de la société et au mieux de ses intérêts tous les actes nécessaires à la direction et à la gestion de la société lesquels, depuis la loi Pacte du 22 mai 2019, doivent prendre en considération les enjeux sociaux et environnementaux de son activité. Ces actes vont de la gestion courante (achats, ventes, embauche et licenciement de personnel, etc.) à des engagements plus importants tels que par exemple l'achat d'un immeuble ou la création de succursales.

§ 3. Limites aux pouvoirs des dirigeants

La loi impose tout d'abord une limitation d'ordre général qui est l'obligation d'agir dans le respect de l'objet social. Ainsi, si la société a pour activité le négoce de fruits et légumes, elle ne peut pas s'engager dans des opérations de promotions immobilières. Si malgré tout le dirigeant engage la société en dehors de son objet social, l'acte sera néanmoins valable à l'égard de la partie envers laquelle la société s'est engagée. La loi prévoit cependant la nullité de l'acte lorsque la société est une SNC ou une société civile en raison de la responsabilité plus grande des associés qui peuvent voir leur patrimoine personnel engagé dans ce type de société. Mais, quelle que soit la forme juridique de la société qui a contracté, le dirigeant encourt, dans cette situation, une révocation et la mise en jeu de sa responsabilité.

Ensuite, les textes interdisent ou soumettent à contrôle les conventions conclues entre les dirigeants et la société. Prenons l'exemple d'un contrat de travail passé entre la société et un de ses dirigeants, Monsieur Y. Le contrat sera conclu entre la société représentée par Monsieur Y et le salarié Monsieur Y. Ces « contrats avec soi-même » qui présentent un conflit d'intérêt font l'objet d'une procédure de contrôle par les associés. Pour certaines de ces conventions, c'est l'interdiction qui est prévue par la loi, comme le fait pour un dirigeant d'emprunter auprès de la société qu'il dirige, ou encore de faire cautionner ses dettes par elle.

Par ailleurs, les dirigeants ne peuvent pas prendre des décisions qui relèvent de la compétence des autres organes de la société. Par exemple, un dirigeant ne peut pas seul décider d'approuver les comptes annuels et de décider du sort des bénéfices alors que ces décisions sont réservées à l'assemblée générale des associés.

Enfin, les statuts peuvent inclure des clauses limitant les pouvoirs des dirigeants en subordonnant telle ou telle décision à l'accord préalable des associés ou des actionnaires.

Section 2. Fonctions et pouvoirs des dirigeants

§ 1. Fonctions des dirigeants

Les dirigeants sont des mandataires sociaux. Ils agissent au nom et pour le compte de la société.

§ 2. Pouvoirs des dirigeants

Les dirigeants vont prendre au nom de la société et au mieux de ses intérêts tous les actes nécessaires à la gestion de la société. Ils doivent prendre en considération les enjeux sociaux et environnementaux de son activité

§ 3. Limites aux pouvoirs des dirigeants

- L'obligation d'agir dans le respect de l'objet social.
- Certaines conventions conclues entre les dirigeants et la société sont interdites, d'autres sont soumises à une procédure de contrôle.
- Les dirigeants ne peuvent pas prendre des décisions qui relèvent de la compétence des autres organes de la société.
- Les statuts peuvent inclure des clauses limitant les pouvoirs des dirigeants.

Section 3. La responsabilité des dirigeants

§ 1. La responsabilité civile

Lorsque le dirigeant commet une faute de gestion dans le sens d'un acte non conforme à l'intérêt social (intérêt de la société) ; lorsqu'il enfreint la loi et les règlements applicables ou enfin, lorsqu'il viole les statuts, sa responsabilité civile peut être engagée.

La société peut, en premier lieu, être victime des conséquences de la faute commise. Mais ne pouvant agir en justice, autrement dit exercer l'action sociale, que par l'intermédiaire de ses dirigeants, ces derniers seront peu enclins à agir contre eux-mêmes. Aussi, la loi donne la possibilité à un ou plusieurs associés de se substituer au représentant légal de la société dans l'exercice de l'action en responsabilité et d'agir en justice, pour le compte de la société, contre le dirigeant. Cette action appelée action sociale *ut singuli* aura pour effet d'obtenir l'allocation de dommages et intérêts au profit de la société.

L'associé peut avoir subi, en second lieu, un préjudice qui lui est personnel, distinct de celui de la société. L'associé qui, par exemple, a été victime d'un détournement de ses dividendes par le dirigeant, engagera dans cette situation une action personnelle contre ce dernier.

Enfin, le dommage causé à un tiers en raison des agissements du dirigeant n'ouvrira droit à une action directe contre ce mandataire social qu'à la condition de rapporter la preuve d'une faute détachable de ses fonctions, autrement dit en dehors de ses attributions. La jurisprudence n'admet en effet qu'à titre exceptionnel l'action directe contre le dirigeant, estimant que la tierce victime doit en principe se retourner contre la société.

§ 2. La responsabilité pénale

Dans les cas prévus par la loi, les dirigeants sociaux encourent une responsabilité pénale personnelle. Il peut s'agir d'actes tels qu'un abus de biens sociaux, ou une présentation de comptes ne donnant pas une image fidèle de la situation financière de la société ; mais aussi de toutes infractions à la législation du travail, de l'environnement, de la consommation, etc.

§ 3. Les responsabilités en cas de difficultés financières de l'entreprise

Lorsque la liquidation judiciaire d'une société fait apparaître une insuffisance d'actif, le tribunal peut, en cas de faute de gestion ayant contribué à cette situation, décider que le montant de cette insuffisance d'actif sera supporté, en tout ou en partie, par les dirigeants. La responsabilité du dirigeant ne pourra pas, en revanche, être engagée en cas de simple négligence dans la gestion de la société.

Enfin, la responsabilité fiscale du dirigeant pourra être retenue en cas de manœuvres frauduleuses ou d'inobservation grave et répétée des obligations fiscales dès lors que ces agissements ont rendu impossible le recouvrement des impositions et des pénalités dues par la société. L'insolvabilité de la société expose alors son dirigeant à être déclaré solidairement responsable du paiement de ces impositions et pénalités (article L 267 du livre des procédures fiscales).

Section 3. La responsabilité des dirigeants

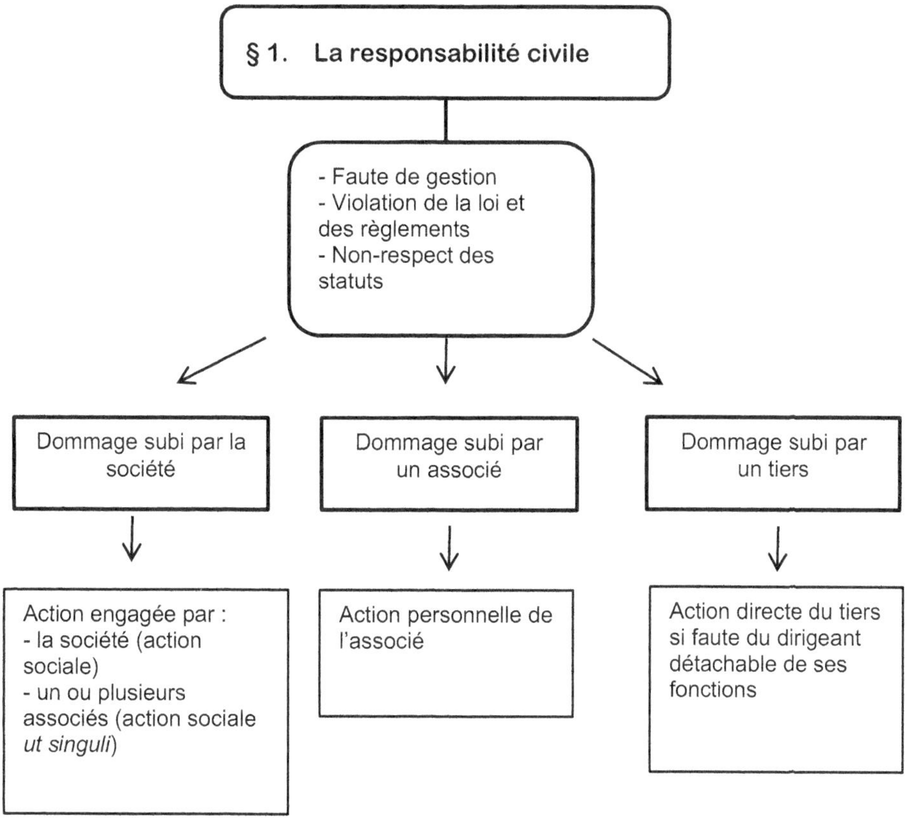

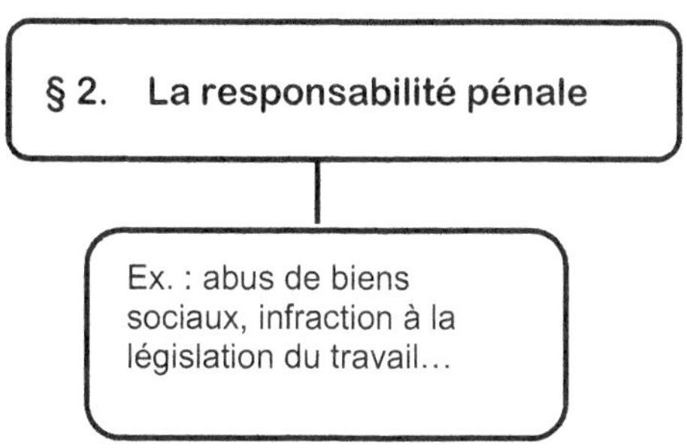

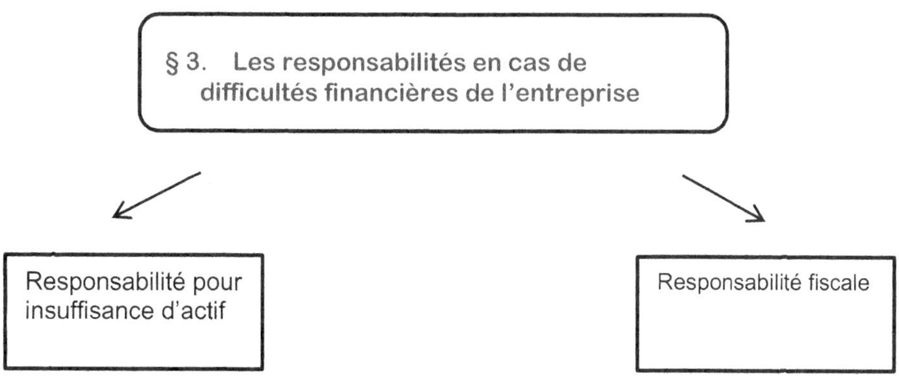

Section 4. La révocation des dirigeants

En dehors de la démission ou de l'arrivée du terme de son mandat, le dirigeant peut être amené à cesser ses fonctions à tout moment, au cours de son mandat, par la révocation.

La révocation, décision prise par les associés ou les actionnaires, obéit à deux régimes qui varient selon les types de sociétés et les catégories de dirigeants. On distingue : la révocation *ad nutum* et la révocation pour « justes motifs ».

§ 1. La révocation *ad nutum*

La révocation *ad nutum* est une décision prise sans préavis et sans avoir à justifier d'un quelconque motif à l'encontre des dirigeants sociaux (ex. : changement de majorité).

Ce régime s'applique dans les SA avec conseil d'administration, pour les membres du conseil d'administration, et dans les SA avec directoire, pour les membres du conseil de surveillance.

La révocation *ad nutum* ne donne lieu à aucune indemnisation légale. Cependant, si la révocation est abusive ou si elle intervient brutalement ou dans des circonstances injurieuses ou vexatoires, elle peut ouvrir droit à des dommages et intérêts. Par ailleurs, il arrive dans certaines entreprises qu'une indemnité conventionnelle (appelée parfois « parachute doré ») ait été définie dès l'entrée en fonction du dirigeant.

§ 2. La révocation pour « justes motifs »

Dans les sociétés dirigées par des gérants (SARL, SNC, société civile…) et pour certains dirigeants de la SA comme le directeur général (lorsqu'il n'est pas président du conseil d'administration) et les membres du directoire, la révocation doit être justifiée.

À défaut d'un juste motif, par exemple une faute de gestion, le dirigeant injustement révoqué pourra être indemnisé. Il sera en droit également d'obtenir la réparation de son préjudice en cas de révocation brutale ou injurieuse.

Section 4. La révocation des dirigeants

§ 1. La révocation *ad nutum*	§ 2. La révocation pour « justes motifs »
- Membres du conseil d'administration dans la SA - Président du conseil d'administration dans la SA - Membres du conseil de surveillance dans la SA	- Gérant - Directeur général dans la SA (lorsqu'il n'est pas président du conseil d'administration) - Membres du directoire dans la SA
Ne donne lieu à aucune indemnisation légale. Cependant, si la révocation est abusive ou si elle intervient brutalement ou dans des circonstances injurieuses ou vexatoires, elle peut ouvrir droit pour l'intéressé à des dommages et intérêts.	À défaut d'un juste motif, le dirigeant injustement révoqué pourra être indemnisé. Il sera en droit également d'obtenir la réparation de son préjudice en cas de révocation brutale ou injurieuse

Chapitre 2. Les associés

Section 1. La participation des associés aux décisions et orientations prises par la société

En raison de leur investissement en apport et de la responsabilité encourue par les associés, notamment ceux dont la responsabilité est indéfinie, il est normal que le législateur ait prévu plusieurs dispositifs en faveur de ces derniers.

D'une part, ils vont être informés sur la situation financière et l'activité de la société. En fin d'exercice, les dirigeants de société doivent rendre des comptes à leurs associés ou actionnaires en établissant un rapport de gestion (non obligatoire pour les petites entreprises, article L232-1 code de commerce) qui expose la situation de la société, les événements importants durant l'exercice écoulé et son évolution prévisible. Dans les SA et les sociétés en commandite par actions, un rapport sur le gouvernement d'entreprise exposant le fonctionnement des organes d'administration ou de direction doit être joint au rapport de gestion. Enfin, les grandes entreprises ont aussi l'obligation d'établir un *reporting* extra-financier sur les conséquences sociales et environnementales de leurs activités et pour les sociétés cotées, viennent s'ajouter les effets de leur activité quant au respect des droits de l'homme et à la lutte contre la corruption.

D'autre part, les associés vont participer à la vie des affaires et exprimer lors des assemblées leur approbation ou leur désapprobation sur la gestion et les comptes de la société.

§ 1. L'information des associés

L'information des associés revêt plusieurs modalités. Les associés se voient en effet reconnaitre :

- un droit d'information permanent qui peut s'exercer par la communication au siège social de certains documents sociaux (procès-verbaux des assemblées, inventaires, comptes annuels…) et par le droit d'obtenir des réponses à des questions écrites posées aux dirigeants sur la gestion sociale,
- un droit d'information préalable aux assemblées et le droit d'obtenir la communication des documents soumis à l'assemblée.

§ 2. La participation aux décisions collectives

En vertu de l'article 1844 du code civil, tout associé a le droit de participer aux décisions collectives. C'est une disposition d'ordre public et les statuts ne peuvent y déroger.

Les décisions collectives sont prises en assemblée. L'associé va être amené à voter et à se prononcer sur un certain nombre de décisions, comme l'approbation des comptes, la nomination ou la révocation des dirigeants ou encore, l'acceptation ou le rejet des modifications statutaires.

Il existe plusieurs types d'assemblées :

- les assemblées générales ordinaires, les plus courantes, compétentes pour toutes décisions ne modifiant pas les statuts,
- les assemblées générales extraordinaires, compétentes pour les décisions entrainant une modification des statuts,
- les assemblées spéciales regroupant des titulaires de valeurs mobilières de même catégorie, autre que des actions ordinaires émises par une société par actions.

Le droit de vote est en principe proportionnel au capital détenu. Un associé a autant de voix que de parts ou d'actions qu'il détient dans l'entreprise. Cependant, dans certaines sociétés (SNC et sociétés civiles) le vote se fait par tête (une personne égale une voix) mais les statuts peuvent retenir des règles différentes. Dans les SA, il est possible de créer des actions de préférence sans droit de vote ou des actions à droit de vote double et dans les SAS, de créer des actions à droit de vote multiple.

Chapitre 2. Les associés

Section 1. La participation des associés aux décisions et orientations prises par la société

Le législateur a prévu plusieurs dispositifs permettant aux associés :
- d'être informés sur la situation financière et l'activité de la société,
- de participer à la vie des affaires et d'exprimer lors des assemblées leur approbation ou leur désapprobation sur la gestion et les comptes de la société.

§ 1. L'information des associés

- Droit d'information permanent
- Droit d'information préalable aux assemblées
- Droit d'obtenir communication des documents soumis aux assemblées
- Droit d'obtenir des réponses à des questions écrites posées aux dirigeants sur la gestion sociale.

§ 2. La participation aux décisions collectives

- Les décisions collectives sont prises en assemblées
- L'associé va être amené à voter et à se prononcer sur un certain nombre de décisions.

Il existe plusieurs types d'assemblées :
- les assemblées générales ordinaires
- les assemblées générales extraordinaires
- les assemblées spéciales.

Le droit de vote est en principe proportionnel au capital détenu.
Dans certaines sociétés (SNC et sociétés civiles) le vote se fait par tête mais les statuts peuvent retenir des règles différentes.

Section 2. Les droits pécuniaires des associés

§ 1. Le droit au partage des bénéfices

La qualité d'associé donne le droit au partage des bénéfices. Mais ce partage ne sera possible que si certaines conditions sont remplies.

Tout d'abord, le compte de résultat de l'exercice doit faire apparaître un bénéfice.

Ensuite, il convient de déterminer le bénéfice distribuable. Il est constitué par le bénéfice de l'exercice, diminué des pertes des exercices précédents ainsi que des sommes à porter en réserve en application de la loi et des statuts, et augmenté des bénéfices antérieurs qui n'ont pas été distribués ou affectés.

Enfin, les bénéfices ne seront distribués sous forme de dividendes qu'après décision prise par les associés réunis en assemblée générale. Les associés peuvent en effet en décider autrement et les mettre en réserve.

§ 2. Le droit au boni de liquidation

Le boni de liquidation intervient lorsque la société est dissoute à l'issue des opérations de liquidation. Après avoir réalisé les actifs, payé tous les créanciers, et repris leurs apports, les associés ont le droit de se partager le solde disponible, appelé boni de liquidation.

Section 3. Le droit de disposer de ses parts ou actions

L'associé peut exercer sur ses parts sociales ou actions tous les droits patrimoniaux d'un propriétaire. Il peut consentir un nantissement sur ses parts au profit d'un préteur ou en garantie d'une dette. Il peut les donner, les louer et enfin les céder.

La cession de ses titres est pour l'associé la seule façon de sortir de la société. Mais dans la mesure où elle va intégrer un nouvel associé dans la société, cette cession ne sera pas toujours totalement libre. Les associés peuvent en effet avoir intérêt à contrôler et à accepter l'entrée de nouveaux associés dans leur société.

Pour éviter d'avoir à intégrer une personne « indésirable », il est possible de recourir **au mécanisme de l'agrément** qui est le droit accordé à la société d'accepter ou de refuser l'accès d'un nouveau membre dans le capital.

Cette procédure d'agrément est prévue par la loi pour les sociétés émettant des parts sociales (SNC, SCS, SARL et société civile), à des conditions variant d'un type de société à un autre.

Dans les sociétés par actions (SA, SAS, SCA), les actions peuvent être cédées sans l'agrément des autres actionnaires car à la différence des parts sociales, les actions sont des titres librement cessibles et négociables. Cependant, il est permis d'inclure dans les statuts des clauses limitant cette liberté.

Section 2. Les droits pécuniaires des associés

§ 1. Le droit au partage des bénéfices

↓

Le compte de résultat de l'exercice doit faire apparaître un bénéfice.

↓

Détermination du bénéfice distribuable.

↓

Distribution des bénéfices sous forme de dividendes après décision prise par les associés réunis en assemblée générale.

§ 2. Le droit au boni de liquidation

↓

Le boni de liquidation intervient lorsque la société est dissoute, à l'issue des opérations de liquidation.

↓

Les actifs doivent avoir été réalisés, les créanciers payés et les apports repris.

↓

Distribution du solde disponible, appelé boni de liquidation.

Section 3. Le droit de disposer de ses parts ou actions

L'associé peut exercer sur ses parts sociales ou actions tous les droits patrimoniaux d'un propriétaire (nantissement, donation…).
La cession des titres n'est pas toujours libre.

Mécanisme de l'agrément :

- Dans les sociétés émettant des parts sociales la procédure d'agrément est prévue par la loi.
- Dans les sociétés par actions il est possible d'inclure dans les statuts une clause d'agrément.

Titre 3. Contrôle de la société

Chapitre 1. Le contrôle par les commissaires aux comptes

Section 1. Statut des commissaires aux comptes

Les commissaires aux comptes exercent leur activité en profession libérale. Ils sont titulaires d'un diplôme d'expertise comptable ou d'un titre spécial d'aptitude professionnelle. Ils ne doivent avoir aucun lien familial, personnel, ou financier avec la société qu'ils contrôlent et sont soumis à de nombreuses incompatibilités afin de renforcer leur indépendance.

Ainsi, les fonctions de commissaire aux comptes sont incompatibles :

- avec toute activité ou tout acte de nature à porter atteinte à son indépendance ;
- avec tout emploi salarié ; toutefois, un commissaire aux comptes peut dispenser un enseignement se rattachant à l'exercice de sa profession ou occuper un emploi rémunéré chez un commissaire aux comptes ou chez un expert-comptable ;
- avec toute activité commerciale, qu'elle soit exercée directement ou par personne interposée.

Le commissaire aux comptes est désigné soit dans les statuts, soit par les associés réunis en assemblée générale, pour un mandat de six exercices. Ils sont rémunérés en honoraires.

Section 2. Obligation de recourir aux commissaires aux comptes

La désignation d'un commissaire aux comptes est obligatoire lorsque deux des trois seuils suivants sont réunis à la clôture de l'exercice social :

- bilan supérieur à 4 000 000 €,
- chiffre d'affaires HT supérieur à 8 000 000 €,
- effectif dépassant 50 salariés,

Les sociétés tenues de présenter des comptes consolidés (groupe de sociétés) ont l'obligation de nommer deux commissaires aux comptes, issus de cabinets d'audit différents.

Titre 3. Contrôle de la société

Chapitre 1. Le contrôle par les commissaires aux comptes

Section 1. Statut des commissaires aux comptes

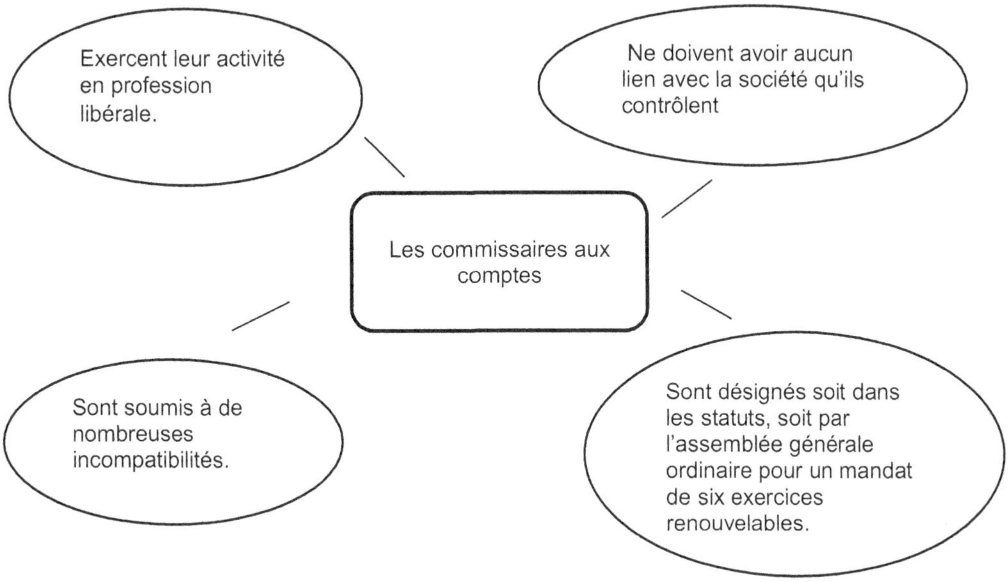

Section 2. Obligation de recourir aux commissaires aux comptes

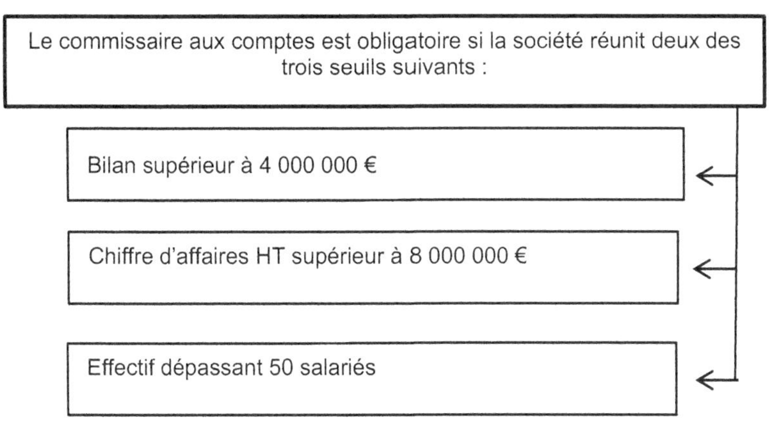

Section 3. Missions principales des commissaires aux comptes

§ 1. La vérification et la certification des comptes

Les commissaires aux comptes ont pour mission de vérifier :

- les documents comptables de la société et la conformité de sa comptabilité aux règles en vigueur,
- la sincérité et la concordance avec les comptes annuels des informations données dans le rapport de gestion des organes de direction, et dans les documents adressés aux actionnaires ou associés sur la situation financière et les comptes annuels,
- le cas échéant, la sincérité et la concordance avec les comptes consolidés des informations données dans le rapport sur la gestion du groupe.

Enfin, les commissaires aux comptes certifient, avec ou sans réserve, que les comptes annuels sont réguliers et sincères et donnent une image fidèle du résultat des opérations de l'exercice écoulé ainsi que de la situation financière et du patrimoine de la société.

§ 2. L'information

À l'égard des dirigeants sociaux, les commissaires aux comptes les informent sur le travail réalisé ; sur les modifications qui leur paraissent devoir être apportées et les irrégularités et les inexactitudes qu'ils auraient découvertes.

À l'égard des associés, les commissaires aux comptes convoqués aux assemblées présentent un rapport général relatant l'accomplissement et le résultat de leurs investigations, des rapports spéciaux sur certaines opérations comme par exemple les conventions conclues entre la société et ses dirigeants et, le cas échéant, un rapport d'alerte en cas de persistance de faits de nature à compromettre la continuité de l'activité (V. *infra,* § 3).

À l'égard du procureur de la République, l'article L.823-12 du code de commerce met à la charge des commissaires aux comptes l'obligation de révéler au procureur de la République les faits délictueux dont ils ont eu connaissance au cours de l'accomplissement de leur mission.

§ 3. Le devoir d'alerte

Les commissaires aux comptes doivent déclencher une procédure d'alerte lorsqu'ils relèvent des faits de nature à compromettre la continuité de l'exploitation, autrement dit lorsque la société est menacée de cesser ses paiements. Cette procédure consiste à alerter les dirigeants et en cas de nécessité à en informer le président du tribunal de commerce.

Section 3. Missions principales des commissaires aux comptes

§ 1. La vérification et la certification des comptes

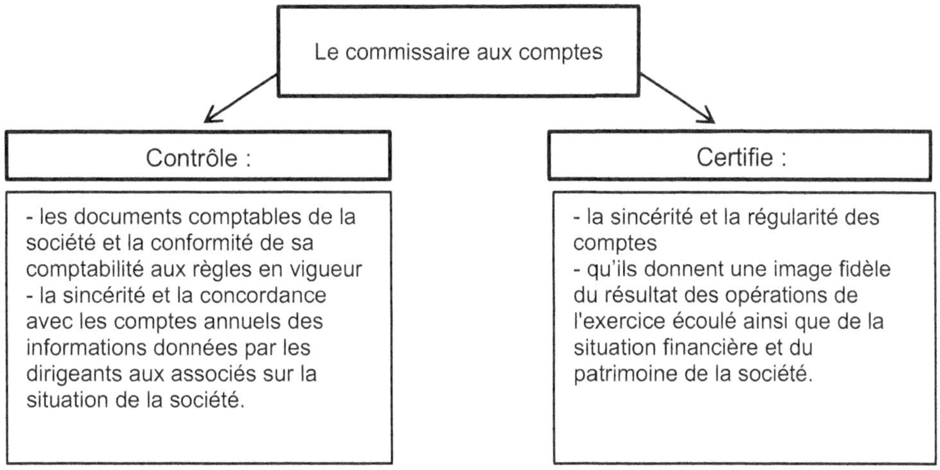

§ 2. L'information

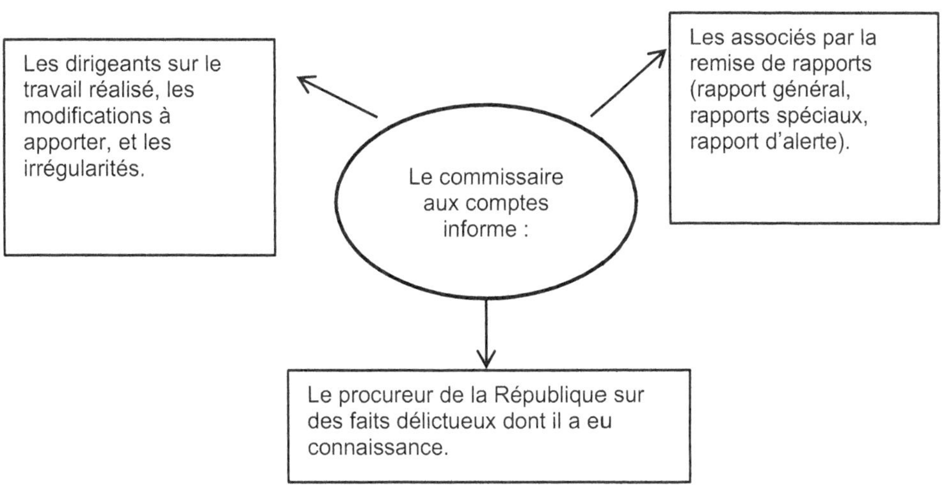

§ 3. Le devoir d'alerte

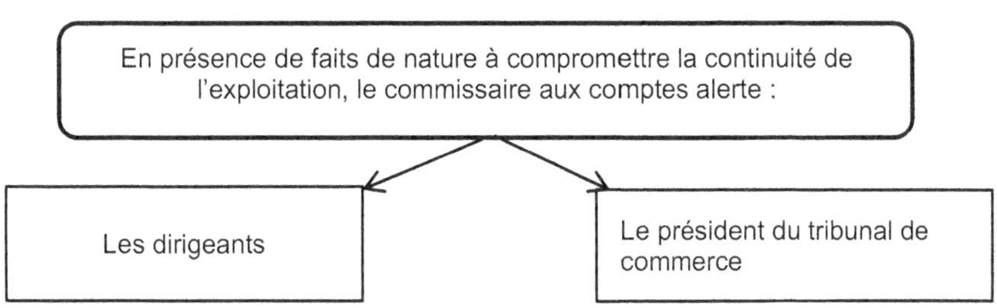

Chapitre 2. Le contrôle par les associés

Section 1. Le contrôle par le droit d'information et de communication

Nous avons vu précédemment (V. *supra,* chap. 2) que le droit d'information et de communication des documents sociaux faisait partie des prérogatives reconnues à tout associé (information permanente au siège, questions écrites, documents transmis avant et lors d'une assemblée...). Les modalités de ce droit d'information feront par ailleurs l'objet d'une étude détaillée dans le cadre de la partie 2. Le droit d'information et de communication va permettre aux associés d'être informés sur la situation financière et l'activité de la société et d'exercer par ce biais un contrôle sur sa gestion.

Section 2. L'expertise de gestion

Lorsqu'il s'agit d'obtenir des informations plus précises sur une opération particulière, l'information légale peut se révéler insuffisante. L'expertise de gestion également appelée expertise de minorité est une action qui permet à des associés minoritaires de demander en référé la désignation d'un ou plusieurs experts chargés de présenter un rapport sur une ou plusieurs opérations de gestion déterminées. Cette mesure d'expertise judiciaire intervient généralement en cas de conflit ou de défiance avérée à l'égard des dirigeants. Elle constitue le plus souvent un préambule à des actions en responsabilité contre ces derniers, au vu du rapport de l'expert, si ce rapport fait ressortir des dysfonctionnements ou des opérations de gestion anormales.

§ 1. Les demandeurs à l'action

Dans les sociétés par actions (SA, SAS, SCA), l'expertise peut être demandée par un ou plusieurs actionnaires représentant au moins 5 % du capital social.

Dans la SARL, cette action est réservée aux associés représentant au moins 1/10e du capital social.

Pour les autres sociétés, le code de commerce ne prévoit pas de procédure spécifique, mais les associés peuvent toujours (même s'ils ne répondent pas aux conditions ci-dessus) avoir recours à l'expertise judiciaire traditionnelle selon l'article 145 du code de procédure civile. Cet article permet à tout intéressé de demander des mesures d'instruction par voie de requête ou de référé, s'il existe un motif légitime de conserver ou d'établir avant tout procès la preuve de faits dont pourrait dépendre la solution d'un litige.

§ 2. Les conditions de recevabilité de l'action

L'action peut être engagée directement devant le tribunal de commerce à l'exception des sociétés par actions pour lesquelles la demande n'est recevable qu'après avoir posé des questions au président du CA de la société. Ce n'est qu'en l'absence de réponse ou de réponse jugée insatisfaisante, dans un délai d'un mois, que les actionnaires pourront alors demander la désignation d'un expert au tribunal.

Par ailleurs, la demande d'expertise doit porter sur une ou plusieurs opérations identifiées de gestion et non sur la gestion en général de l'équipe dirigeante.

Chapitre 2. Le contrôle par les associés

Section 1. Le contrôle par le droit d'information et de communication

Le droit d'information et de communication des documents de la société → Permet d'exercer un contrôle sur sa gestion.

Section 2. L'expertise de gestion

Action qui permet à des associés minoritaires de demander en référé la désignation d'un ou plusieurs experts chargés de présenter un rapport sur une ou plusieurs opérations de gestion déterminées.

§ 1. Les demandeurs à l'action

Sociétés par actions :

- Un ou plusieurs actionnaires représentant au moins 5 % du capital social

SARL :

- Associés représentant au moins 1/10ème du capital social

Autres sociétés :

- L'expertise peut être demandée dans le cadre des mesures d'instruction prévues à l'art.145 du code de procédure civile

§ 2. Les conditions de recevabilité de l'action

Société par actions :

La demande n'est recevable qu'après avoir posé des questions au président du CA de la société. Ce n'est qu'en l'absence de réponse ou de réponse jugée insatisfaisante, dans un délai d'un mois, que les actionnaires pourront alors demander la désignation d'un expert au tribunal.

Autres sociétés :

L'action peut être engagée directement devant le tribunal de commerce.

Titre 4. Transformation, restructuration et groupe de sociétés

Chapitre 1. La transformation des sociétés

Section 1. Le maintien de la personnalité morale

§ 1. Présentation

La forme juridique choisie lors de la création de la société peut se révéler au cours de la vie sociale inadaptée à l'évolution de l'activité et à son environnement économique.

Le besoin de changer de mode de gouvernance, de régime fiscal, de se fournir en capitaux, de s'ouvrir à d'autres associés, sont autant de raisons pouvant motiver la décision de changer la structure juridique de la société.

La transformation d'une société est le passage d'une forme juridique à une autre.

§ 2. Conséquences

En vertu de l'article 1844-3 du code civil, la transformation d'une société en une société d'une autre forme n'entraîne pas la création d'une personne morale nouvelle.

Le maintien de la personnalité morale aura donc pour conséquences :

- à l'égard des créanciers, les droits acquis par les créanciers sociaux sont maintenus. Si la société s'était portée caution, l'engagement demeure après la transformation. De même, les associés d'une société en nom collectif seront toujours tenus indéfiniment des dettes sociales qui avaient été contractées avant la transformation de la société en une société où la responsabilité est limitée ;
- à l'égard des salariés, tous les contrats de travail se poursuivent au sein de la société transformée ;
- à l'égard des associés, le statut des associés obéira aux règles de la nouvelle forme juridique adoptée. Ainsi d'associés d'une SARL, ils passeront actionnaires d'une SA avec les droits attachés à cette qualité. Quant aux dirigeants, leur mandat prend fin à la date de la transformation. S'ils poursuivent la direction de la société transformée, ils devront être nommés conformément aux règles de la nouvelle forme sociale.

Titre 4. Transformation, restructuration et groupe de sociétés

Chapitre 1. La transformation des sociétés

Section 1. Le maintien de la personnalité morale

§ 1. Présentation

La forme juridique choisie à l'origine peut se révéler, au cours de la vie sociale, inadaptée.

Le besoin de changement va amener la société à se transformer.

La transformation d'une société est le passage d'une forme juridique à une autre.

§ 2. Conséquences

La transformation régulière d'une société en une société d'une autre forme n'entraîne pas la création d'une personne morale nouvelle. Le maintien de la personnalité morale aura pour conséquences :

- À l'égard des créanciers, les droits acquis par les créanciers sociaux sont maintenus. Ex. : la caution donnée avant la transformation demeure après la transformation.
- À l'égard des salariés, tous les contrats de travail se poursuivent au sein de la société transformée.
- À l'égard des associés, le statut des associés obéira aux règles de la nouvelle forme juridique adoptée.

Section 2. Les conditions de la transformation

§ 1. La décision de transformation

La décision de transformer la société ne revient pas aux dirigeants mais aux associés puisqu'il s'agit de modifier le pacte d'origine. Aussi, la loi exige-t-elle que la décision soit votée en assemblée générale extraordinaire avec les règles de majorité qualifiée propres à cette catégorie d'assemblée et qui varient selon le type de société.

Toutefois, lorsque la transformation a pour conséquence d'augmenter la responsabilité des associés telle que la transformation d'une société à responsabilité limitée en une société à responsabilité indéfinie, la règle de l'unanimité est requise.

Ainsi, l'unanimité est exigée pour la transformation d'une SARL en SNC, en SCS, en SCA et en SAS.

De même, la transformation d'une SA en SNC ou en SAS doit être prise à l'unanimité des actionnaires.

§ 2. Respect des règles propres à la nouvelle forme adoptée

Au moment de la transformation, la société doit respecter les règles propres à la nouvelle forme adoptée. Prenons l'exemple d'une SARL qui se transforme en SA. Celle-ci devra s'assurer que les conditions de fond posées à la constitution d'une SA sont bien remplies comme le montant du capital de la société qui doit être au moins égal à 37 000 €.

§ 3. Mesures de publicité et formalités

Enfin, la transformation doit faire l'objet de diverses mesures de publicité pour aviser les tiers du changement opéré : publication dans un journal d'annonces légales, publication au *BODACC* après dépôt au greffe des nouveaux statuts et inscription modificative au registre du commerce et des sociétés.

Section 2. Les conditions de la transformation

§ 1. La décision de transformation

↓

La décision est prise par les associés en AGE à la majorité qualifiée.

↓

L'unanimité est requise dans certains cas.
Ex. : transformation d'une SARL en SNC.

§ 2. Respect des règles propres à la nouvelle forme adoptée

↓

Ex. : si une SARL se transforme en SA, elle devra avoir un capital minimum de 37 000 €

§ 3. Mesures de publicité et formalités

↓

Publicité obligatoire pour aviser les tiers du changement opéré :
- publication dans un journal d'annonces légales,
- publication au *BODACC* après dépôt au greffe des nouveaux statuts et inscription modificative au registre du commerce et des sociétés.

Chapitre 2. La restructuration des sociétés

Les restructurations sont des opérations complexes qui obéissent à un formalisme important (dépôt du projet au greffe, formalités de publicité, nomination par le tribunal de commerce d'un commissaire aux opérations …).

Section 1. La fusion

§ 1. Les opérations de fusion

La fusion consiste pour une ou plusieurs sociétés à transmettre leur patrimoine à une société existante ou à une nouvelle société qu'elles constituent.

On distingue :

- la fusion par création d'une nouvelle société qui implique la disparition des sociétés fusionnées pour constituer une nouvelle société ;
- la fusion absorption qui consiste pour une société B à absorber une autre société A. C'est l'opération de fusion la plus couramment utilisée pour des raisons principalement fiscales.

La fusion va se traduire par la dissolution de la société absorbée, sans liquidation, et par la transmission universelle de son patrimoine à l'autre société. La société bénéficiaire va recevoir l'intégralité du passif et de l'actif.

§ 2. Conséquences pour les créanciers et pour les associés

Les créanciers de la société absorbée deviendront créanciers de la société absorbante, avec les mêmes conditions et les mêmes garanties.

Cependant, la nouvelle débitrice (la société absorbante) pouvant se révéler moins solvable que la précédente, la loi a prévu, afin de préserver les droits de tous les créanciers, la possibilité de faire opposition au projet de fusion devant le tribunal de commerce. Ce dernier peut soit rejeter l'opposition, soit ordonner des garanties supplémentaires, ou bien ordonner le remboursement de la dette.

Quant aux associés, les opérations de fusions sont décidées, par chacune des sociétés intéressées, en assemblée générale extraordinaire des associés dans les conditions requises pour la modification de ses statuts. Si la fusion est acceptée, les associés de la société absorbée deviendront associés de la société absorbante.

Chapitre 2. La restructuration des sociétés

Section 1. La fusion

§ 1. Les opérations de fusion

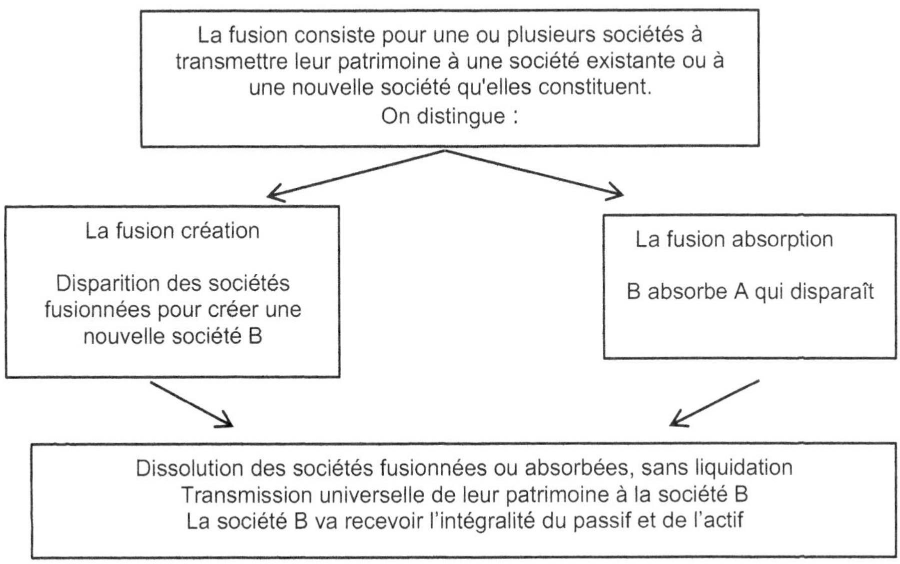

§ 2. Conséquences pour les créanciers et pour les associés

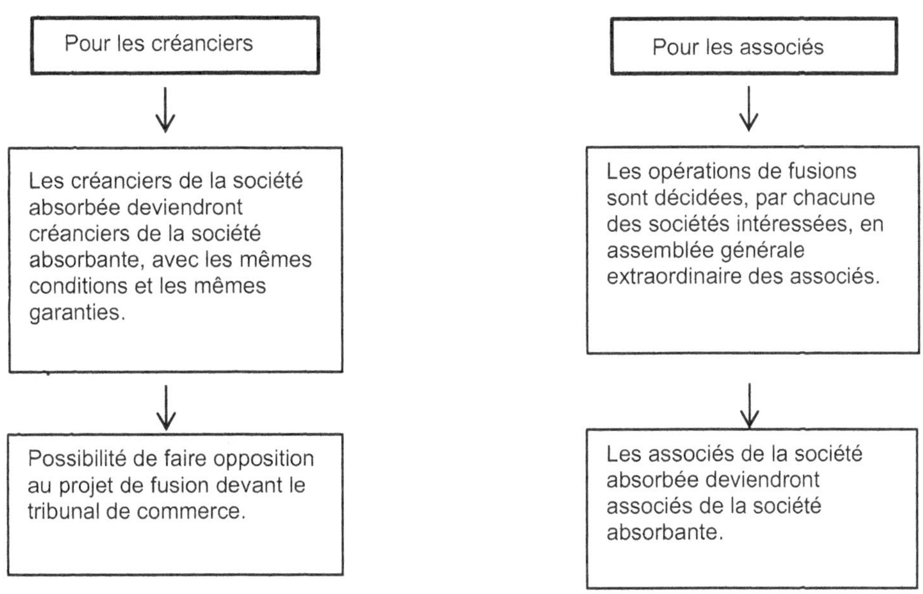

Section 2. La scission et l'apport partiel d'actif

§ 1. La scission

A l'inverse de la fusion, l'opération de scission va consister pour une société A à partager son patrimoine entre plusieurs sociétés B et C existantes ou nouvelles.

Les effets de cette opération sont les mêmes que ceux de la fusion : dissolution de la société A scindée, transmission universelle du patrimoine de A avec cette particularité que les sociétés B et C recueillant le patrimoine deviennent solidairement débitrices du passif de la société A scindée.

Les associés deviennent associés des sociétés bénéficiaires et le droit d'opposition est également reconnu aux créanciers.

§ 2. L'apport partiel d'actif

Cette opération consiste, pour une société A, à faire apport d'une branche d'activité à une autre société B existante, ou à créer. En contrepartie de cet apport, la société A va recevoir des titres sociaux.

À la différence des opérations de fusion ou de scission, la société apporteuse n'est pas dissoute. Elle apporte une partie de son patrimoine à une autre.

La procédure est toutefois plus lourde qu'une simple opération d'apport en nature et s'apparente à celle applicable aux opérations de scission.

Section 2. La scission et l'apport partiel d'actif

§ 1. La scission

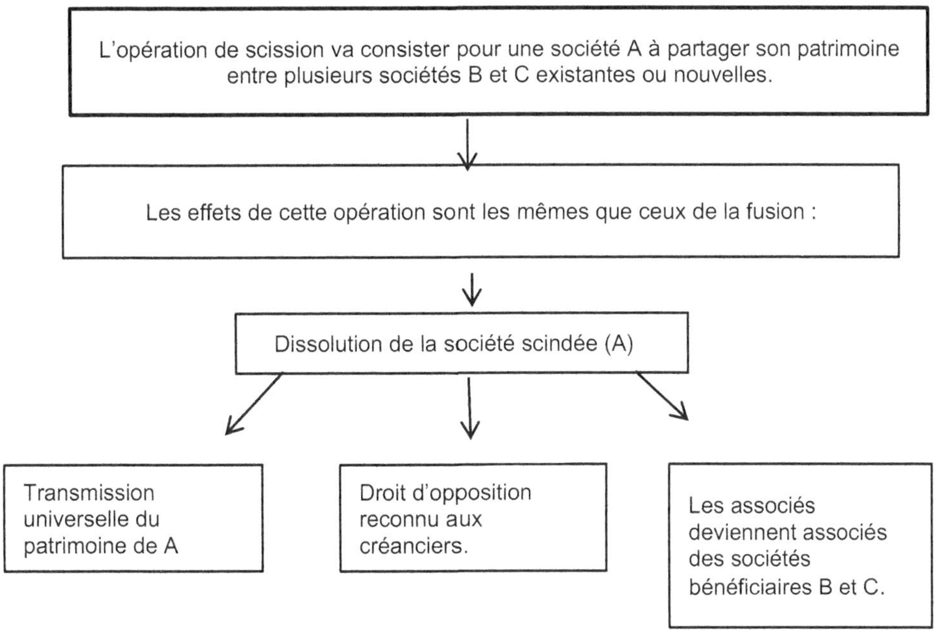

§ 2. L'apport partiel d'actif

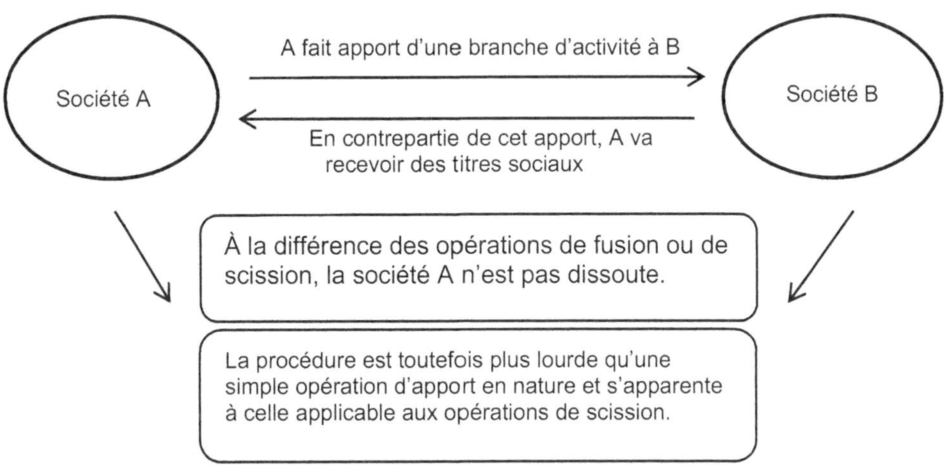

Chapitre 3. Les groupes de sociétés

Section 1. Non reconnaissance de la personnalité juridique

Le groupe de sociétés est une entité économique formée par un ensemble de sociétés, qui ont chacune leur autonomie juridique, mais qui sont unies entre elles par un lien capitalistique et par le contrôle exercé par certaines sur les autres.

Malgré le poids économique et financier que représentent les groupes de sociétés, le droit des sociétés ne leur reconnait pas d'existence juridique propre. Le droit positif n'ignore cependant pas la notion de groupes de sociétés, mais il n'y fait référence que de manière ponctuelle et dans différentes branches du droit : droit fiscal, droit bancaire, droit du travail, droit de la concurrence, droit des procédures collectives, droit comptable avec l'obligation d'établir des comptes consolidés.

Le droit des sociétés, pour sa part, donne une définition de la participation, de la filiale et du contrôle qu'une société peut exercer sur une autre. Il réglemente par ailleurs les participations réciproques et l'autocontrôle.

Section 2. Participation, filiale et notion de contrôle

§ 1. Définition de la filiale (art. L. 233-1 C. Com.)

Une filiale est une société dont plus de la moitié du capital appartient à une autre société.

§ 2. Définition de la participation (art. L. 233-2 C. Com.)

Il y a participation lorsqu'une société détient entre 10 % et 50 % du capital d'une autre société.

§ 3. Notion de contrôle (art. L. 233-3 C. Com.)

Une société est considérée comme en contrôlant une autre lorsque :

- elle détient directement ou indirectement une fraction du capital lui conférant la majorité des droits de vote dans les assemblées générales de cette société ;
- elle dispose seule de la majorité des droits de vote dans cette société en vertu d'un accord conclu avec d'autres associés ou actionnaires et qui n'est pas contraire à l'intérêt de la société ;
- elle détermine en fait, par les droits de vote dont elle dispose, les décisions dans les assemblées générales de cette société ;
- elle est associée ou actionnaire de cette société et dispose du pouvoir de nommer ou de révoquer la majorité des membres des organes d'administration, de direction ou de surveillance de cette société.

La loi instaure par ailleurs une présomption de contrôle lorsqu'une société dispose directement ou indirectement, d'une fraction des droits de vote supérieure à 40 % et qu'aucun autre associé ou actionnaire ne détient directement ou indirectement une fraction supérieure à la sienne.

Enfin, la loi considère que deux ou plusieurs personnes agissant de concert sont considérées comme en contrôlant conjointement une autre lorsqu'elles déterminent en fait les décisions prises en assemblée générale.

Chapitre 3. Les groupes de sociétés

Section 1. Non reconnaissance de la personnalité juridique

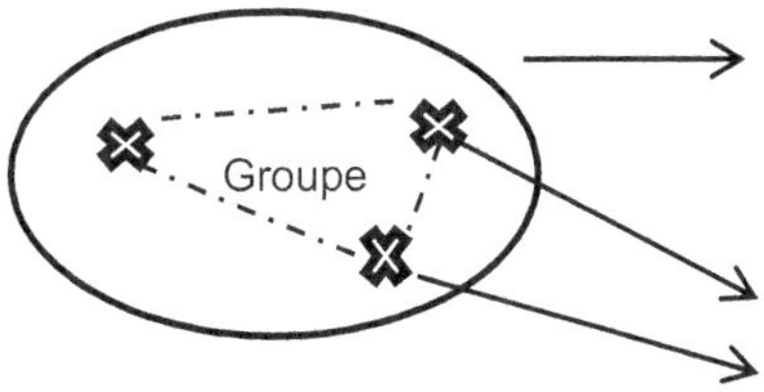

Le groupe est une entité économique. Il n'a pas la personnalité juridique.

Les sociétés ont chacune leur autonomie mais sont unies entre elles par des liens capitalistiques.

Section 2. Participation, filiale et notion de contrôle.

§ 1. Définition de la filiale

Une filiale est une société dont plus de la moitié du capital appartient à une autre société.

§ 2. Définition de la participation

Il y a participation lorsqu'une société détient entre 10 % et 50 % du capital d'une autre société.

§ 3. Notion de contrôle

Une société en contrôle une autre lorsque :

- Elle détient directement ou indirectement une fraction du capital lui conférant la majorité des droits de vote dans les assemblées générales de cette société.
- Elle dispose seule de la majorité des droits de vote dans cette société en vertu d'un accord conclu avec d'autres associés ou actionnaires et qui n'est pas contraire à l'intérêt de la société.
- Elle détermine en fait, par les droits de vote dont elle dispose, les décisions dans les assemblées générales de cette société.
- Elle est associée ou actionnaire de cette société et dispose du pouvoir de nommer ou de révoquer la majorité des membres des organes d'administration, de direction ou de surveillance de cette société.
- Il y a présomption de contrôle lorsqu'une société dispose directement ou indirectement, d'une fraction des droits de vote supérieur à 40 % et qu'aucun autre associé ou actionnaire ne détient directement ou indirectement une fraction supérieure à la sienne.

Section 3. Les participations réciproques et l'autocontrôle

§ 1. Les participations réciproques

On parle de participations réciproques lorsqu'une société A détient une part de capital d'une autre société B et que B détient également une part de capital de A.

Les participations réciproques présentent un danger dans la mesure où elles gonflent artificiellement l'actif des sociétés et peuvent aboutir à un verrouillage des organes de direction.

En vertu de l'article L. 233-29 du code de commerce, une société par actions ne peut pas posséder d'actions d'une autre société, si celle-ci détient une fraction de son capital supérieure à 10 %. Prenons l'exemple d'une société anonyme A qui possède 15 % des actions d'une société anonyme B, cette dernière ne peut détenir des actions de la société A.

Pour les participations réciproques entre une société par action et une société d'un autre type, SARL par exemple, l'article L. 233-30 du code de commerce interdit à une société B de détenir des actions d'une société par actions A, si cette dernière détient une fraction du capital de B supérieure à 10 %. Si la participation de A est égale ou inférieure à 10 %, la société B ne peut détenir qu'une fraction égale ou inférieure à 10 %.

§ 2. L'autocontrôle

Il y a autocontrôle, lorsque des actions ou des droits de vote d'une société sont possédés par une ou plusieurs sociétés dont elle détient directement ou indirectement le contrôle.

Les droits de vote attachés à ces actions ou ces droits de vote ne peuvent être exercés à l'assemblée générale de la société. Il n'en est pas tenu compte pour le calcul du quorum. Ainsi, si la société A contrôle B et que la société B contrôle C, si la société C détient des actions de A, les droits de vote attachés aux actions d'autocontrôle de C ne pourront s'exercer lors des assemblées de la société A.

Section 3. Les participations réciproques et l'autocontrôle

§ 1. Les participations réciproques

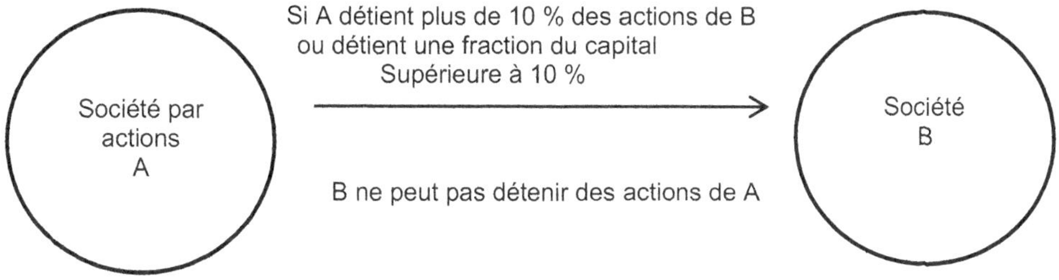

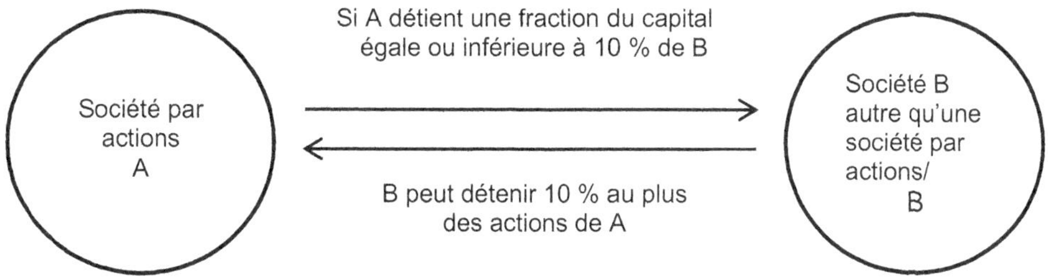

§ 2. L'autocontrôle

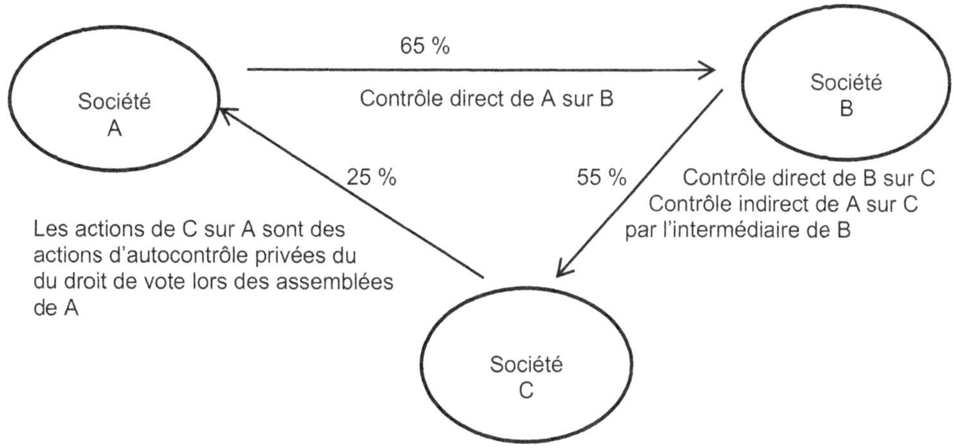

Section 4. Obligation d'information sur les prises de participation et les prises de contrôle

La constitution des groupes de sociétés lors des prises de participation oblige les sociétés qui y participent à en informer leurs actionnaires.

Les prises de participation et les prises de contrôle doivent être mentionnées dans le rapport présenté aux associés sur les opérations de l'exercice et, le cas échéant, dans le rapport des commissaires aux comptes.

Le rapport mentionne également l'identité des personnes physiques ou morales détenant directement ou indirectement une fraction du capital social ou des droits de vote aux assemblées générales.

Enfin, les dirigeants de toute société ayant des filiales ou des participations, annexent au bilan de la société un tableau, en vue de faire apparaître la situation des dites filiales et participations.

Par ailleurs, la loi prévoit de nombreuses autres obligations d'information destinées aux sociétés cotées qui sont l'objet de prises de participation.

Section 4. Obligation d'information sur les prises de participation et les prises de contrôle

Elles sont mentionnées dans le rapport présenté aux associés et dans le rapport des commissaires aux comptes.

Le rapport mentionne l'identité des personnes physiques ou morales détenant directement ou indirectement une fraction du capital social ou des droits de vote aux assemblées générales.

Les dirigeants des sociétés ayant des filiales ou des participations, annexent au bilan de la société un tableau, en vue de faire apparaître la situation des dites filiales et participations.

Titre 5. Dissolution de la société

Chapitre 1. Les causes de dissolution

L'article 1844-7 du code civil énumère huit causes de dissolution communes à toutes les sociétés. À côté de ces causes communes, il existe des situations propres à certaines sociétés qui seront étudiées dans la deuxième partie de l'ouvrage.

On peut regrouper les causes communes de dissolution en trois catégories.

Section 1. Les causes de dissolution statutaire

Tout d'abord, la société prend fin à l'expiration du terme prévu dans les statuts. Cependant, la dissolution de la société peut être évitée si les associés ont décidé de la proroger.

Ensuite, la loi envisage la dissolution en cas de réalisation de l'objet social ou de son extinction parce qu'elle n'a plus, par exemple, les autorisations nécessaires pour exercer son activité.

Enfin, pour toute autre cause prévue dans les statuts, la société peut prendre fin.

Section 2. Les causes de dissolution judiciaires

Dans cette catégorie, la dissolution devra être prononcée par le tribunal.

Il en sera ainsi, à la demande d'un associé, pour justes motifs, notamment en cas d'inexécution de ses obligations par un associé, ou de mésentente entre associés paralysant le fonctionnement de la société.

Le tribunal prononcera, également la dissolution de la société dont le contrat de société est annulé (non-respect des règles de constitution de la société : objet illicite, défaut d'apport ou apport fictif, par exemple).

Par ailleurs, en cas de réunion de toutes les parts sociales entre les mains d'un associé unique, tout intéressé peut demander la dissolution de la société si sa situation n'a pas été régularisée dans le délai d'un an.

Enfin, la dissolution de la société est automatique à la suite d'un jugement ordonnant sa liquidation judiciaire.

Section 3. La dissolution volontaire et la dissolution sanction

L'article 1844-7 du code civil offre la possibilité aux associés de décider à tout moment la dissolution anticipée de la société.

Bien que non énuméré par l'article 1844-7 du code civil, il convient de préciser que la dissolution peut être prononcée, si elle est prévue, en cas d'infractions, au titre des sanctions encourues lorsque la responsabilité pénale de la société est engagée.

Titre 5. Dissolution de la société

Chapitre 1. Les causes de dissolution

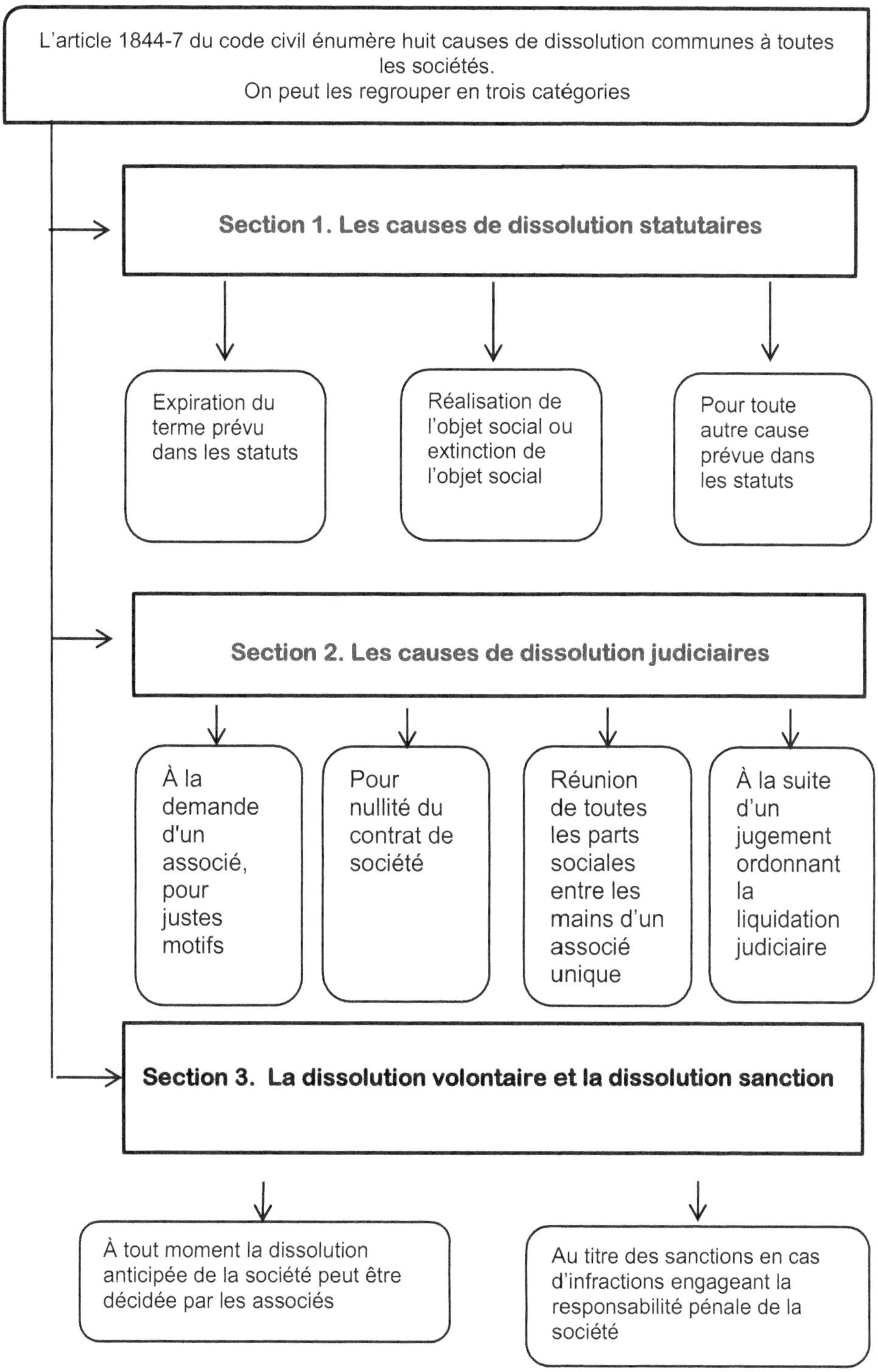

Chapitre 2. Les effets de la dissolution

Section 1. La liquidation de la société

La dissolution de la société entraîne obligatoirement sa liquidation (à l'exception des sociétés dissoutes en cas de fusion ou de scission : V. *supra,* Titre. 4).

La dissolution est accompagnée d'une publicité dans un journal d'annonces légales, d'un dépôt au greffe du tribunal de commerce des actes et des procès-verbaux décidant de la dissolution et d'une inscription au *BODACC*. C'est à compter de cette publicité que la dissolution produira effet à l'égard des tiers.

Section 2. Les opérations de liquidation

Les opérations de liquidation vont être réalisées par un liquidateur qui va se substituer aux organes de gestion. C'est lui qui représentera la société. Il est nommé conformément aux dispositions des statuts ou à défaut, par les associés ou, si les associés n'ont pu procéder à cette nomination, par décision de justice.

Les opérations de liquidation vont consister, à compter de la dissolution, à vendre les éléments d'actif (réalisation), puis à payer les créanciers sociaux. Ce n'est qu'après le paiement des dettes que le capital social sera remboursé aux associés (les associés reçoivent leurs apports). Enfin, s'il reste un boni de liquidation, il sera distribué entre les associés dans les mêmes proportions que leur participation aux bénéfices, sauf clause ou convention contraire.

Pendant ces opérations, la personnalité morale de la société subsiste pour les besoins de la liquidation jusqu'à la publication de la clôture de celle-ci. Cette publicité marque définitivement la disparition de la société.

Chapitre 2. Les effets de la dissolution

Section 1. La liquidation de la société

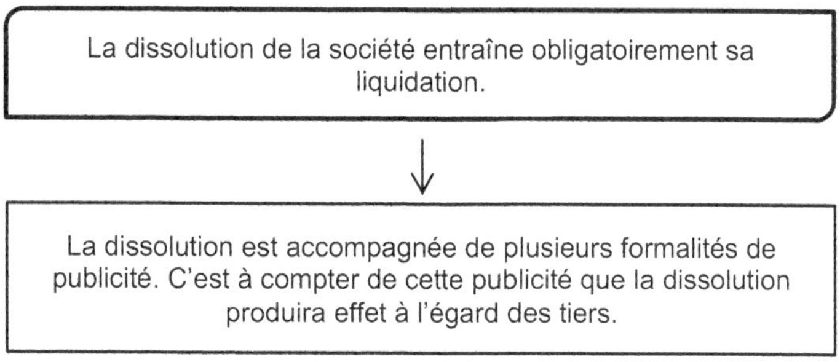

Section 2. Les opérations de liquidation

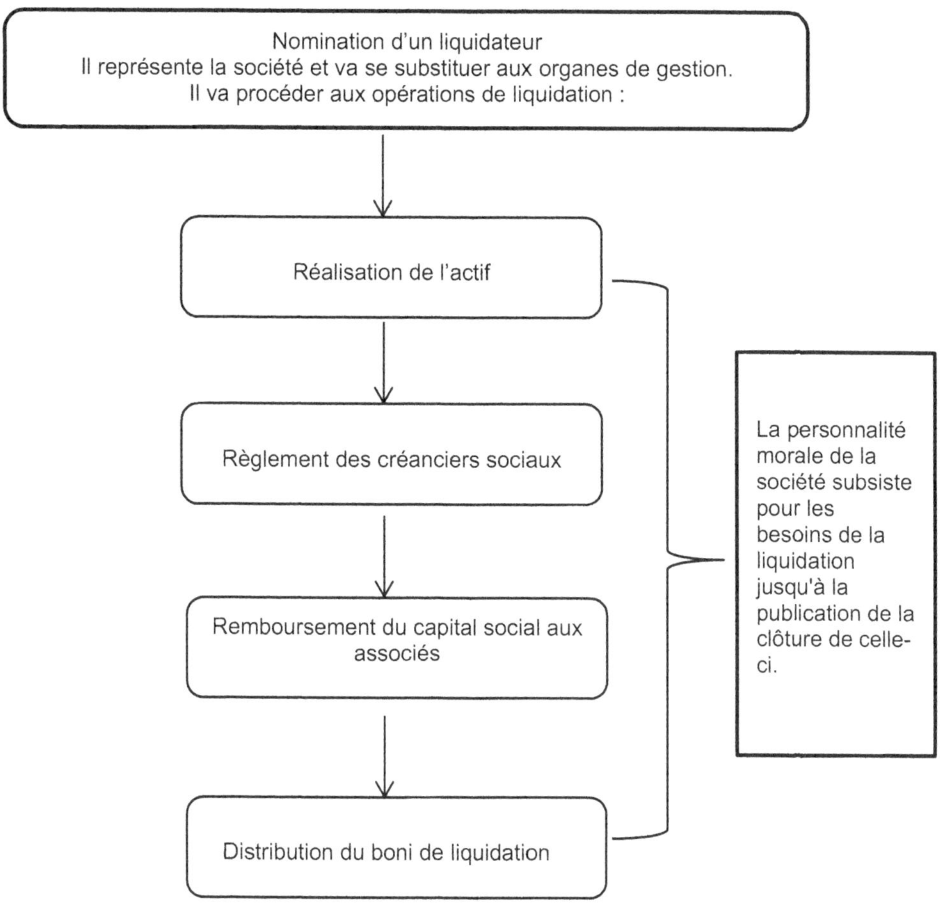

Partie 2
Les règles juridiques propres aux différentes sociétés

Titre 1 Les sociétés à responsabilité limitée (SARL et EURL)

Chapitre 1 La SARL

Chapitre 2 L'EURL

Titre 2 Les sociétés par actions

Chapitre 1 La société anonyme

Chapitre 2 La société par actions simplifiée

Chapitre 3 La société en commandite par actions

Titre 3 Les sociétés à risque illimité

Chapitre 1 La société en nom collectif

Chapitre 2 La société en commandite simple

Chapitre 3 La société civile

Titre 1. Les sociétés à responsabilité limitée (SARL et EURL)

Il existe deux formes de société à responsabilité limitée : la SARL pluripersonnelle créée en 1925 et la SARL unipersonnelle, appelée EURL (entreprise unipersonnelle à responsabilité limitée), plus récente, qui a vu le jour en 1985.

Le régime de ces sociétés est régi par les articles L.223-1 à L.223-43 du code de commerce.

Les sociétés à responsabilité limitée ont été longtemps choisies par préférence aux autres formes juridiques de sociétés. Cet engouement s'explique principalement par le fait qu'elles constituent la forme juridique la plus adaptée aux petites entreprises et aux structures de type familial. Les conditions nécessaires à leur constitution ne sont pas exigeantes. On peut y associer des mineurs. Elles peuvent accueillir d'un (pour la forme EURL) à cent associés et, depuis la loi du 1er août 2003, le montant du capital social peut être fixé à un euro. La responsabilité des associés est limitée au montant de leurs apports et leur gestion est relativement souple. Toutefois, elles ne constituent plus que 30 % des créations de sociétés, les créateurs d'entreprise préférant opter pour la SAS (V. *supra*, introduction).

Ces sociétés ne présentent cependant pas que des avantages. Cette forme juridique peut constituer un frein au développement de l'entreprise dès lors qu'elle cherche à accueillir des investisseurs extérieurs et à réunir plus de capitaux. Elles ne peuvent ni émettre d'actions, ni faire appel à l'épargne publique, mais elles peuvent sous certaines conditions émettre des obligations. Par ailleurs, dès l'instant où la société demandera un concours bancaire, la caution des associés sera exigée si le montant du capital social se révèle trop faible et enlèvera tout intérêt à la responsabilité limitée car le patrimoine personnel de l'associé sera engagé.

La SARL se présente ainsi comme une société qui emprunte à la fois :

- les caractéristiques des sociétés de capitaux en raison de la responsabilité limitée des associés à concurrence de leurs apports,
- et les caractéristiques des sociétés de personnes, dans la mesure où les associés se connaissent en général bien et que leurs parts sociales ne sont pas librement négociables. Les associés peuvent en effet sous certaines conditions, s'opposer, en cas de cession de parts, à l'arrivée d'un nouvel associé dans la société.

Titre 1. Les sociétés à responsabilité limitée (SARL et EURL)

Il existe deux formes de société à responsabilité limitée :

La SARL pluripersonnelle

La SARL unipersonnelle, appelée EURL

Articles L.223-1 à L.223-43 du code de commerce

Avantages

Forme juridique la plus adaptée aux petites entreprises et aux structures de type familial.

Les conditions nécessaires à leur constitution sont simples : un à cent associés, le capital social peut être fixé à un euro.

La responsabilité des associés est limitée au montant de leurs apports et la gestion est relativement souple.

Inconvénients

Peut constituer un frein au développement de l'entreprise dès lors qu'elle cherche à accueillir des investisseurs extérieurs et à réunir plus de capitaux.

En cas d'appel à un concours bancaire, la caution des associés sera exigée si le montant du capital social se révèle trop faible et enlèvera tout intérêt à la responsabilité limitée.

La SARL emprunte à la fois :

Aux sociétés de capitaux en raison de la responsabilité limitée des associés à concurrence de leurs apports.

Aux sociétés de personnes, dans la mesure où les associés se connaissent en général bien et que leurs parts sociales ne sont pas librement négociables.

Chapitre 1. La SARL

Section 1. Les conditions de constitution de la SARL

§ 1. L'objet social

La SARL est ouverte en principe à tous types d'activités économiques. Les sociétés d'assurance, de capitalisation et d'épargne ne peuvent toutefois pas adopter la forme de SARL et d'autres activités, comme le débit de tabac et les sociétés d'investissement qui ne peuvent s'exercer respectivement que sous la forme juridique de la SNC et de la SA.

§ 2. La dénomination sociale

La société est désignée par une dénomination sociale, à laquelle peut être incorporé le nom d'un ou plusieurs associés. Le nom de la société doit être précédé ou suivi immédiatement des mots "société à responsabilité limitée" ou des initiales "SARL" et de l'énonciation du capital social.

§ 3. Les associés

La SARL peut être constituée par une seule personne qui prend le nom d'associé unique (V. *infra*, EURL, chap.2).

Le nombre d'associés ne peut être cependant supérieur à cent. Si la société vient à dépasser ce plafond, elle sera dissoute au terme d'un délai d'un an à moins que, pendant ce délai, le nombre des associés soit devenu égal ou inférieur à cent ou que la société ait fait l'objet d'une transformation.

Les associés peuvent être des personnes physiques ou morales. Ils n'ont pas la qualité de commerçant. Aussi, aucune condition de capacité n'est exigée pour être associé. Les associés peuvent être mineurs.

§ 4. Le capital social

Depuis la loi du 1er août 2003, le montant du capital social est librement fixé dans les statuts, alors qu'il était, avant cette réforme, d'au minimum 7 500 €. Même minime, le capital social doit exister et son montant qui peut être d'un euro doit figurer sur les documents de la société.

La création d'une SARL au capital social d'un euro peut se révéler être une source de difficultés. Dès sa création, la société risque de se trouver dans l'incapacité de faire face aux premières dépenses et devra donc envisager d'autres sources de financement (ex : comptes courants bloqués pendant une certaine durée). La responsabilité des associés étant par ailleurs limitée au montant de leurs apports, la confiance accordée à des associés qui ne sont prêts à prendre un risque financier qu'à hauteur d'un euro sera insuffisante aux yeux des tiers (banque, fournisseurs...), qui ne manqueront pas de demander des garanties supplémentaires.

Chapitre 1. La SARL

Section 1. Les conditions de constitution de la SARL

§ 1. L'objet social

La SARL est ouverte à tous types d'activités économiques ; sauf pour les sociétés d'assurance, de capitalisation et d'épargne ; débit de tabac et sociétés d'investissement.

§ 2 La dénomination sociale

Le nom de la société doit être précédé ou suivi immédiatement des mots "société à responsabilité limitée" ou des initiales "SARL" et de l'énonciation du capital social.

§ 3. Les associés

- Un à cent associés.
- Personnes physiques ou morales, les associés peuvent être mineurs.

§ 4. Le capital social

- Le montant du capital social est librement fixé dans les statuts. Il doit exister et figurer sur les documents de la société.
- La création d'une SARL au capital social d'un euro peut se révéler source de difficultés.

§ 5. Les apports

La SARL peut accueillir trois catégories d'apports qui donneront lieu à l'attribution aux associés de parts sociales, dont la valeur nominale est libre.

Les apports en numéraire doivent être libérés d'au moins un cinquième de leur montant. La libération du surplus intervient en une ou plusieurs fois sur décision du gérant, dans un délai qui ne peut excéder cinq ans à compter de l'immatriculation de la société.

Ces fonds doivent être déposés pour le compte de la société en formation, soit dans une banque, soit chez un notaire ou à la Caisse de dépôt et consignation. Le retrait de ces fonds bloqués ne pourra avoir lieu qu'après l'immatriculation au RCS de la société et sur présentation de son extrait K *bis*.

Les apports en nature sont évalués par un commissaire aux apports afin de prévenir les risques d'une surévaluation qui gonflerait artificiellement le capital social. Ce commissaire est désigné à l'unanimité des futurs associés ou à défaut par le président du tribunal de commerce à la demande du futur associé le plus diligent. Son rapport est annexé aux statuts.

Le recours à un commissaire aux apports ne sera toutefois pas obligatoire, si aucun apport en nature n'excède 30 000 € et si la valeur totale de l'ensemble des apports en nature non soumis à l'évaluation d'un commissaire aux apports n'excède pas la moitié du capital social.

Dans cette hypothèse, la décision de ne pas recourir à un commissaire aux apports doit être prise à l'unanimité des associés et les associés seront solidairement responsables pendant cinq ans, à l'égard des tiers, de la valeur qu'ils ont attribuée aux apports en nature lors de la constitution de la société. La même règle s'appliquera lorsque la valeur retenue sera différente de celle proposée par le commissaire aux apports.

Les apports en industrie sont déterminés par les statuts qui définissent les modalités selon lesquelles peuvent être souscrites les parts sociales en industrie. Ces apports en industrie ne sont pas pris en compte dans le capital social. Comme pour les apports en nature, l'apport en industrie doit être évalué par un commissaire aux comptes s'il a une valeur inférieure à 30 000 € et si la valeur totale des apports en industrie ne dépasse pas la moitié du capital social.

§ 5. Les apports

En numéraire

Doivent être libérés d'au moins un cinquième de leur montant. La libération du surplus intervient en une ou plusieurs fois sur décision du gérant, dans un délai qui ne peut excéder cinq ans à compter de l'immatriculation de la société.

En nature

Sont évalués dans les statuts au vu d'un rapport établi par un commissaire aux apports.

Le commissaire aux apports n'est pas obligatoire si aucun apport en nature n'excède 30 000 € et si la valeur totale de l'ensemble des apports en nature non soumis à l'évaluation d'un commissaire aux apports n'excède pas la moitié du capital.

- La décision de ne pas recourir à un commissaire aux apports doit être prise à l'unanimité des associés.
- Les associés sont solidairement responsables pendant cinq ans, à l'égard des tiers, de la valeur qu'ils ont attribuée aux apports en nature.

En industrie

Ne sont pas pris en compte dans le capital social.

Sont évalués selon les mêmes conditions que pour les apports en nature

Section 2. La direction de la SARL

La société est dirigée par un ou plusieurs gérants. Le nombre de gérant est librement fixé dans les statuts.

Si la société est conduite par plusieurs gérants, chacun détient le pouvoir d'engager seul la société. Toutefois, les statuts peuvent en décider autrement et organiser une répartition des pouvoirs de direction et de gestion entre les cogérants. Cette répartition ne sera toutefois pas opposable aux tiers pour lesquels la société sera engagée pour tous les actes conclus par l'un d'entre eux, même si ces derniers agissent en dehors de leur domaine de compétence défini dans les statuts.

§ 1. Nomination du gérant

Le gérant peut être associé de la SARL ou choisi en dehors des associés. Il doit être obligatoirement une personne physique. Les personnes morales, à la différence de la SAS ne peuvent pas diriger une SARL.

Pour être nommée gérant, la personne doit être majeure ou mineure émancipée. Les incapables majeurs ne peuvent pas être gérants.

Sa nomination par les associés peut s'effectuer de deux manières lors de la création de la société :

-dans les statuts,

-ou par un acte postérieur.

Sa nomination se fait par décision prise en assemblée ou lors d'une consultation écrite, par un ou plusieurs associés représentant plus de la moitié des parts sociales. Si cette majorité n'est pas obtenue, le gérant sera nommé à la majorité des votes émis, mais les statuts peuvent écarter cette seconde consultation.

Les statuts fixent la durée du mandat, à défaut, le gérant est nommé pour la durée de la société.

Enfin, les statuts peuvent subordonner la nomination du gérant à des conditions liées à l'âge, à la qualité d'associé, à un niveau de diplômes etc.

Section 2. La direction de la SARL

La société est dirigée par un ou plusieurs gérants, personnes physiques dont le nombre est librement fixé dans les statuts.

§ 1. Nomination du gérant

Associé ou non Il doit être majeur ou mineur émancipé, les incapables majeurs ne peuvent pas être gérants.

Nommé par les associés, dans les statuts ou par un acte postérieur.
Décision prise en assemblée ou lors d'une consultation écrite, par un ou plusieurs associés représentant plus de la moitié des parts sociales.

Les statuts fixent la durée du mandat (à défaut, le gérant est nommé pour la durée de la société) et peuvent subordonner la nomination du gérant à des conditions liées à l'âge, à la qualité d'associé etc.

§ 2. Statut du gérant

Le gérant est un mandataire. Sa rémunération est fixée par les statuts ou par décisions des associés.

Le régime social du gérant est différent selon sa situation d'associé majoritaire ou d'associé minoritaire. Un gérant associé est majoritaire lorsqu'il détient seul ou avec son conjoint, son partenaire pacsé, et ses enfants mineurs, plus de 50 % du capital de la société.

Le gérant majoritaire est affilié au régime des travailleurs non-salariés (TNS), alors que le gérant minoritaire ou égalitaire est assimilé à un salarié. Il bénéficie du régime de sécurité sociale et de retraite des salariés à l'exception de l'assurance chômage.

Sur le plan fiscal, la qualité de gérant majoritaire ou de gérant minoritaire n'aura aucune incidence puisque les deux catégories relèvent du même régime fiscal que les salariés avec les mêmes abattements.

§ 3. Cumul avec un contrat de travail

Sous certaines conditions, le gérant peut cumuler son mandat social avec un contrat de travail. Ce contrat de travail présente l'avantage d'accorder des garanties supplémentaires au gérant en cas de liquidation de sa société. Il pourra ainsi prétendre à des indemnités de licenciement ou à des indemnités chômage que son statut de mandataire ne lui permet pas d'obtenir.

Cependant ce cumul n'est possible qu'aux conditions suivantes :

- le contrat de travail doit correspondre à un travail effectif et à des fonctions techniques distinctes des fonctions de direction et de gestion assumées en sa qualité de gérant ;

- le contrat de travail exige d'établir un lien de subordination entre le salarié et la société. Or cette situation n'est possible que si le gérant est minoritaire en parts de capital.

Si la conclusion d'un contrat de travail se révèle possible, le contrat passé entre la société et son gérant constitue une convention réglementée soumise à une procédure de contrôle (V. *infra*, Sect. 5)

§ 2. Statut du gérant

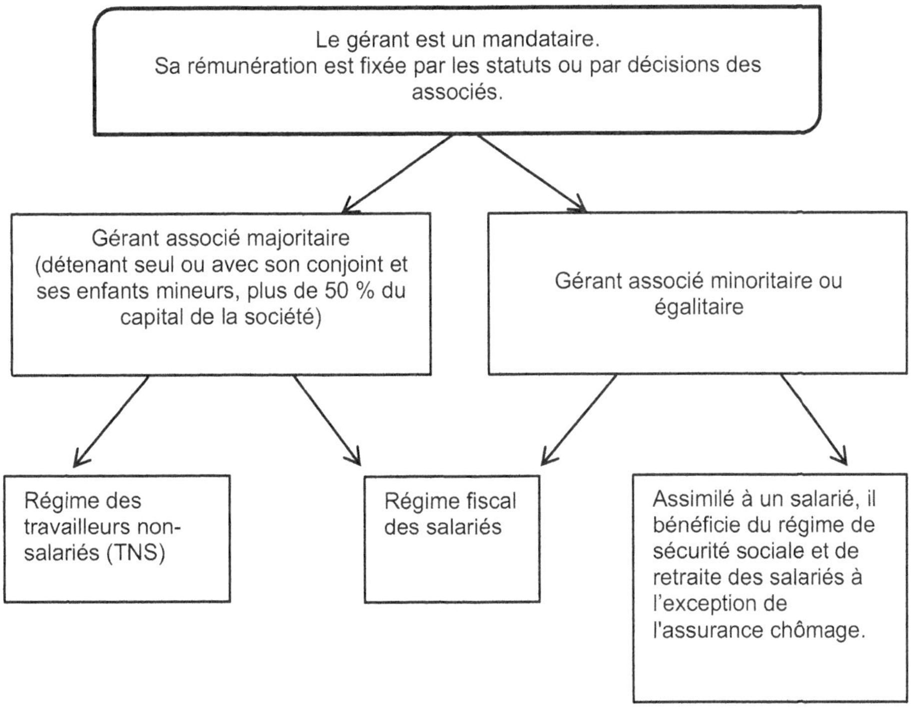

§ 3. Cumul avec un contrat de travail

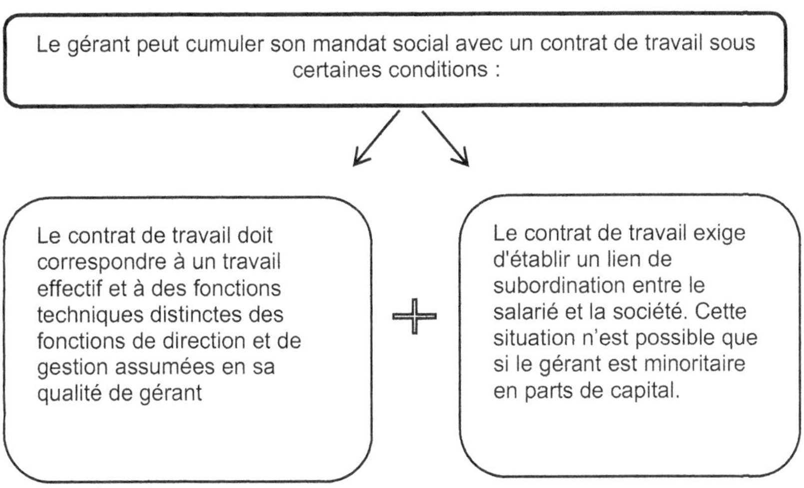

§ 4. Pouvoirs du gérant

I. Dans ses rapports avec les associés

Les pouvoirs du gérant sont déterminés par les statuts.

Dans le silence de ceux-ci, la loi autorise le gérant à faire tous les actes de gestion dans l'intérêt de la société (art. L.223-18, al.4 C.com, renvoyant à l'article L.224-4).

Le gérant ne peut pas, cependant, empiéter sur les prérogatives dévolues aux autres associés, comme l'approbation des comptes annuels ou prendre seul la décision de modifier les statuts.

II. À l'égard des tiers

Le gérant représente la société et va prendre au nom de la société tous les actes nécessaires à la direction et à la gestion de celle-ci (achats, ventes, embauches et licenciements de personnel etc.).

Il est investi des pouvoirs les plus étendus pour agir en toutes circonstances au nom de la société (art. L.223-18, al.4 C.com, al.5).

Afin d'assurer la sécurité des transactions et la protection des tiers, les clauses statutaires limitant les pouvoirs du gérant sont inopposables aux tiers. Si par exemple, le gérant passe un contrat avec un fournisseur dont le montant excède celui qui l'autorise dans les statuts à conclure seul un acte, le contrat passé avec ce fournisseur ne pourra pas être contesté. Le fournisseur sera payé.

De même, si le gérant engage la société en dehors de son objet social, l'acte sera néanmoins valable à l'égard du tiers envers lequel la société s'est engagée, sauf si le tiers savait que l'acte dépassait cet objet, ou qu'il ne pouvait l'ignorer compte tenu des circonstances (preuve difficile à rapporter).

§ 4. Pouvoirs du gérant

I. Dans ses rapports avec les associés

Pouvoirs déterminés par les statuts.

Dans le silence des statuts, la loi autorise le gérant à faire tous les actes de gestion dans l'intérêt de la société.

Le gérant ne peut pas empiéter sur les prérogatives dévolues aux autres associés

II. À l'égard des tiers

Le gérant représente la société et va prendre au nom de la société tous les actes nécessaires à la direction et à la gestion de celle-ci.

Il est investi des pouvoirs les plus étendus pour agir en toutes circonstances au nom de la société.

Afin d'assurer la sécurité des transactions et la protection des tiers :

Les clauses statuaires limitant les pouvoirs du gérant sont inopposables aux tiers.

Si le gérant engage la société en dehors de son objet social, l'acte sera néanmoins valable à l'égard du tiers envers lequel la société s'est engagée, sauf si le tiers savait que l'acte dépassait cet objet, ou qu'il ne pouvait l'ignorer compte tenu des circonstances.

§ 5. Responsabilité civile du gérant

Les gérants sont responsables envers la société ou envers les tiers :

- des fautes commises dans leur gestion,
- des violations des statuts,
- des infractions aux dispositions législatives ou réglementaires applicables aux SARL.

Pour obtenir réparation du préjudice subi par la société, l'action en responsabilité (action sociale) contre le gérant peut être mise en jeu par la société représentée alors par le nouveau gérant, ou par les associés, soit individuellement, soit en se groupant (à condition que le groupe d'associés représente au moins le dixième du capital).

En réparation de son préjudice personnel, l'associé engagera, une action personnelle contre le gérant.

Enfin, la réparation du dommage causé à un tiers n'ouvrira droit à une action directe contre le gérant que si la preuve d'une faute détachable de ses fonctions est rapportée (V. *supra*, partie 1, titre 2, chap.1).

§ 6. Responsabilité pénale du gérant

En sa qualité de dirigeant, le gérant encourt une responsabilité pénale personnelle dans les cas prévus par la loi (V. *supra*, partie 1, titre 2, chap.1). Les infractions concernant les SARL sont régies par les articles L. 241-2 à L. 241-9 du code de commerce.

§ 5. Responsabilité civile du gérant

- Faute de gestion
- violations des statuts,
- Infractions aux dispositions législatives ou réglementaires applicables aux SARL.

Préjudice subi par la société

→ Action engagée par :
- la société (action sociale)
- un ou plusieurs associés représentant au moins le dixième du capital.

Préjudice subi par un associé

→ Action personnelle de l'associé.

Préjudice subi par un tiers

→ Action directe du tiers si faute du dirigeant détachable de ses fonctions.

§ 6. La responsabilité pénale du gérant

Le gérant encourt une responsabilité pénale personnelle, dans les cas prévus par la loi

→ Les infractions concernant les SARL sont régies par les articles L 241-2 à 241-9 du code de commerce.

§ 7. Révocation du gérant

La révocation est une des causes, avec la démission, de la cessation des fonctions du gérant avant le terme de son mandat.

Le gérant peut être révoqué par décision d'un ou plusieurs associés représentant plus de la moitié des parts sociales. Si cette majorité n'est pas obtenue et sauf stipulation contraire des statuts, la décision sera prise à la majorité des votes émis.

Le gérant peut obtenir des dommages et intérêts si la révocation est décidée sans juste motif (agissement contraire à l'intérêt social, atteinte au fonctionnement de la société).

Le gérant associé participe au vote et pourra donc faire barrage à sa propre révocation s'il est égalitaire ou majoritaire.

Aussi, la loi a-t-elle prévu la possibilité d'obtenir pour cause légitime, la révocation par décision du tribunal de commerce, à la demande de tout associé.

§ 8. Pluralité de gérants

La gestion est rendue plus difficile lorsqu'elle est exercée par plusieurs gérants car ceux-ci détiennent séparément le même pouvoir d'engager la société. Les statuts peuvent toutefois organiser cette cogérance en attribuant à chacun des pouvoirs propres. Mais nous avons vu précédemment que ces limitations statutaires étaient inopposables aux tiers.

De même sera sans effet à l'égard des tiers, le droit reconnu pour le gérant de s'opposer à toute opération d'un autre gérant, à moins qu'il ne soit établi qu'ils en ont eu connaissance (art. L. 223-18, al. 7). Cela signifie que le gérant qui s'oppose doit en informer le tiers. Dans cette situation et si l'opération venait, malgré l'information de l'opposition, à être conclue, le tiers ne pourrait en exiger l'exécution.

Enfin, les gérants sont responsables, individuellement ou solidairement, selon le cas, envers la société ou envers les tiers. Si plusieurs gérants ont coopéré aux mêmes faits, le tribunal détermine la part contributive de chacun dans la réparation du dommage.

§ 7. Révocation du gérant

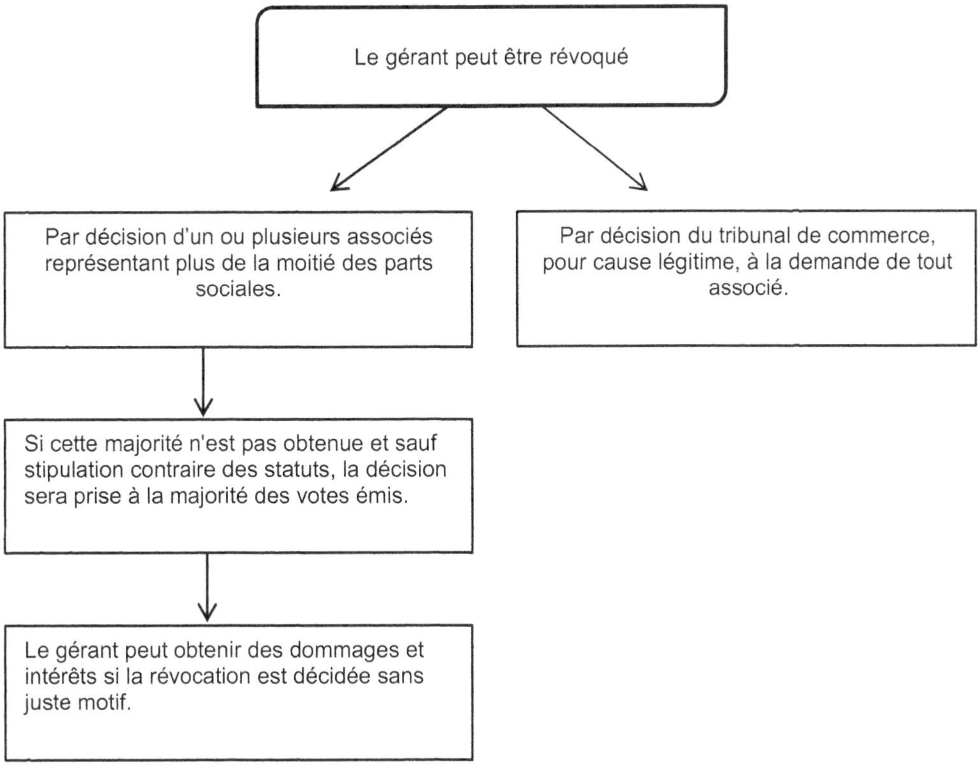

§ 8. Pluralité de gérants

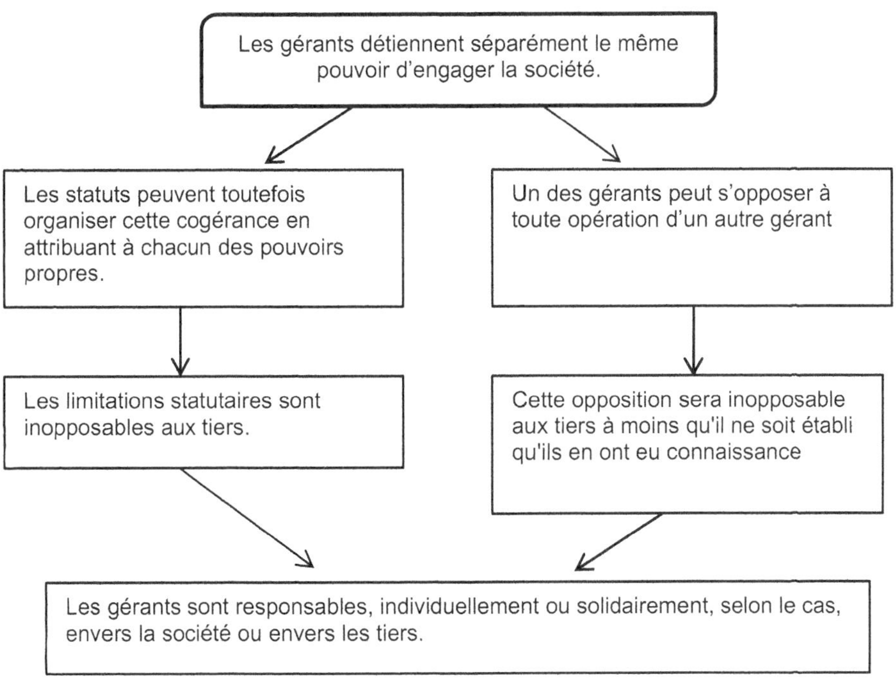

Section 3. La participation des associés à la gestion de la société

La participation des associés se fait généralement en assemblée. Pour l'approbation des comptes et l'affectation des résultats, elle est obligatoire. Pour tout autre décision, la loi a prévu deux autres modes possibles de participation, à la condition, qu'ils soient prévus dans les statuts : la consultation écrite et le consentement de tous les associés exprimés dans un acte.

§ 1. La participation en assemblée.

La participation en assemblée est obligatoire, dans le délai de six mois à compter de la clôture de l'exercice, pour approuver le rapport de gestion (sauf dispense pour les petites sociétés commerciales, article L232-1) , l'inventaire et les comptes annuels établis par le gérant. Toutefois le délai peut être prolongé par décision de justice

La convocation est faite par le gérant ou, à défaut, par le commissaire aux comptes, s'il en existe un.

En cas de défaillance des organes sociaux, le ministère public ou toute personne intéressée peut demander en justice d'enjoindre au gérant de convoquer cette assemblée ou de désigner un mandataire pour y procéder.

Les associés sont convoqués, quinze jours au moins avant la réunion de l'assemblée, par lettre recommandée ou remise en main propre à chaque associé contre une décharge. Celle-ci indique l'ordre du jour.

Dans le même délai, les comptes annuels, le rapport de gestion, le texte des résolutions proposées, ainsi que, le cas échéant, les comptes consolidés, le rapport sur la gestion du groupe et les rapports du commissaire aux comptes sur les comptes annuels et les comptes consolidés sont adressés aux associés.

En dehors de l'obligation de tenir une assemblée pour l'approbation des comptes et l'affectation des résultats, la tenue d'une assemblée sera également obligatoire, à tout moment, si elle est demandée par un ou plusieurs associés détenant la moitié des parts sociales ou détenant, s'ils représentent au moins le dixième des associés, le dixième des parts sociales.

Enfin, pour renforcer l'implication des associés minoritaires, la loi permet aux associés détenant 5% des parts sociales de faire inscrire à l'ordre du jour de l'assemblée des points ou projets de résolution.

Section 3. La participation des associés à la gestion de la société

Trois modes de participation :

- L'assemblée
- La consultation écrite
- Le consentement de tous les associés dans un acte

§ 1. La participation en assemblée.

L'assemblée est obligatoire :

- Dans les six mois à compter de la clôture de l'exercice, pour approuver le rapport de gestion, l'inventaire et les comptes annuels établis par le gérant.
- À tout moment, si elle est demandée par un ou plusieurs associés détenant la moitié des parts sociales ou détenant, s'ils représentent au moins le dixième des associés, le dixième des parts sociales.

Convocation quinze jours au moins avant la réunion de l'assemblée

- Par le gérant ou à défaut, par le commissaire aux comptes, s'il en existe un, ou par un mandataire désigné par décision de justice.
- Les comptes annuels, le rapport de gestion, le texte des résolutions proposées et le cas échéant, les rapports du commissaire aux comptes sont adressés aux associés.

§ 2. Les autres modes de participation

À l'exception des décisions portant sur l'approbation des comptes et l'affectation des résultats qui sont prises obligatoirement en assemblée, les statuts peuvent prévoir que les autres décisions, ou certaines d'entre elles seront prises par consultation écrite des associés ou par l'accord de tous les associés exprimé dans un acte.

En cas de consultation écrite, le texte des résolutions proposées ainsi que les documents nécessaires à l'information des associés sont adressés à chacun de ceux-ci par lettre recommandée.

Les associés disposent alors d'un délai minimal de quinze jours, à compter de la date de réception des projets de résolution, pour émettre leur vote par écrit.

§ 3. Les règles de majorité pour les décisions ordinaires

Les décisions ordinaires sont toutes les décisions qui n'emportent pas modifications des statuts (approbation des comptes, affectation des bénéfices, nominations des dirigeants et des commissaires aux comptes, approbation des conventions réglementées…)

Chaque associé dispose d'un nombre de voix égal au nombre de parts sociales qu'il détient. Cette règle est d'ordre public.

Dans les assemblées ou, selon le cas, lors des consultations écrites, les décisions sont adoptées :

- sur première consultation par un ou plusieurs associés représentant plus de la moitié des parts sociales (majorité absolue),
- si cette majorité n'est pas obtenue et sauf stipulation contraire des statuts, les associés sont convoqués ou consultés une seconde fois, et les décisions sont prises à la majorité des votes émis, quel que soit le nombre des votants (majorité relative).

§ 4. Les règles de quorum et de majorité pour les décisions extraordinaires

Les décisions extraordinaires sont toutes celles qui ont pour objet de modifier les statuts. Les règles de majorité et de quorum sont différentes selon la date de constitution de la SARL.

Pour les sociétés constituées avant le 3 août 2005, les décisions sont prises par les associés représentant au moins les trois quarts des parts sociales.

Pour les sociétés constituées après le 3 août 2005, un quorum est exigé ; c'est à dire que les décisions ne pourront être valablement prises que si les associés présents ou représentés possèdent au moins, sur première convocation, le quart des parts et, sur deuxième convocation, le cinquième de celles-ci. Les modifications sont décidées à la majorité des deux tiers des parts détenues par les associés présents ou représentés. Toutefois, des règles différentes de majorité sont prévues pour les décisions concernant la cession des parts sociales à des tiers (V. *infra*, sect. 6), la transformation de la SARL en une autre forme juridique (V. *infra*, sect.7), l'augmentation du capital par incorporation de bénéfices ou de réserves (décision prise par les associés représentant au moins la moitié des parts sociales), le changement de nationalité (unanimité des associés) et le déplacement du siège social (majorité absolue).

Le non-respect des règles de quorum et de majorité peut être sanctionné, à la demande de tout intéressé, par la nullité des décisions prises en assemblée (ordinaire et extraordinaire).

§ 2. Les autres modes de participation

La consultation écrite des associés.

Le consentement de tous les associés exprimé dans un acte écrit.

Ces deux modes doivent être prévus dans les statuts.
Ils sont interdits pour les décisions portant sur l'approbation des comptes et l'affectation des résultats qui sont prises obligatoirement en assemblée.

Le texte des résolutions proposées ainsi que les documents nécessaires à l'information des associés sont adressés à chacun de ceux-ci par lettre recommandée.
Les associés disposent d'un délai minimal de quinze jours, pour émettre leur vote par écrit.

§ 3. Les règles de majorité pour les décisions ordinaires

Sur première consultation : majorité absolue

Sur seconde consultation : majorité relative

§ 4. Les règles de quorum et de majorité pour les décisions extraordinaires

SARL constituée :

Avant le 3 août 2005

Pas de quorum

Majorité des trois quarts

Après le 3 août 2005

Quorum sur première consultation : le quart des parts
Quorum sur seconde consultation : le cinquième des parts

Majorité des deux tiers

Exceptions :
- la cession des parts sociales à des tiers
- la transformation de la SARL en une autre forme juridique
- l'augmentation du capital par incorporation de bénéfices ou de réserves
- le changement de nationalité
- le déplacement du siège social

Section 4. Le contrôle de la SARL

§ 1. Le contrôle par les associés

Les associés disposent d'un droit d'information sur la SARL qui s'exerce de différentes manières :

- un droit d'information préalable à l'assemblée annuelle d'approbation des comptes (V. *supra*, sect.3) et pour toute autre assemblée, sont adressés aux associés, le texte des résolutions proposées, le rapport du gérant ainsi que, le cas échéant, celui des commissaires aux comptes ;

- un droit d'information permanent qui peut s'exercer par la communication au siège social de certains documents sociaux (bilans, comptes de résultats, annexes, inventaires, rapports soumis aux assemblées et procès-verbaux de ces assemblées concernant les trois derniers exercices) ;

- le droit de poser par écrit, avant l'assemblée d'approbation annuelle des comptes, des questions auxquelles le gérant est tenu de répondre au cours de l'assemblée. Par ailleurs, deux fois par exercice, l'associé a le droit de poser par écrit des questions au gérant sur tout fait de nature à compromettre la continuité de l'exploitation ;

- Le droit pour un ou plusieurs associés représentant au moins le dixième du capital social de demander en justice la désignation d'un ou plusieurs experts chargés de présenter un rapport sur une ou plusieurs opérations de gestion (V. *supra*, expertise de gestion, partie 1, titre 3, chap.2).

§ 2. Le contrôle par le commissaire aux comptes

La présence d'un commissaire aux comptes est facultative dans les SARL. Toutefois, sa désignation par décision ordinaire des associés est obligatoire lorsque deux des trois seuils suivants sont réunis à la clôture de l'exercice social :

- bilan supérieur à 4 000 000 €,
- chiffre d'affaires HT supérieur à 8 000 000 €,
- effectif dépassant 50 salariés.

La nomination d'un commissaire aux comptes peut aussi et sans condition de seuil être demandée en justice par un ou plusieurs associés représentant au moins le dixième du capital. Un commissaire aux comptes devra également être désigner dans la société si un ou plusieurs associés représentant au moins le quart du capital en font la demande.

Le commissaire aux comptes exerce des missions de vérification et de certification de comptes (V. *supra*, partie 1, titre 3, chap.1). L'exercice de son droit d'alerte pour la SARL est défini à l'article L. 234-2 du code de commerce.

Section 4. Le contrôle de la SARL

§ 1. Le contrôle par les associés

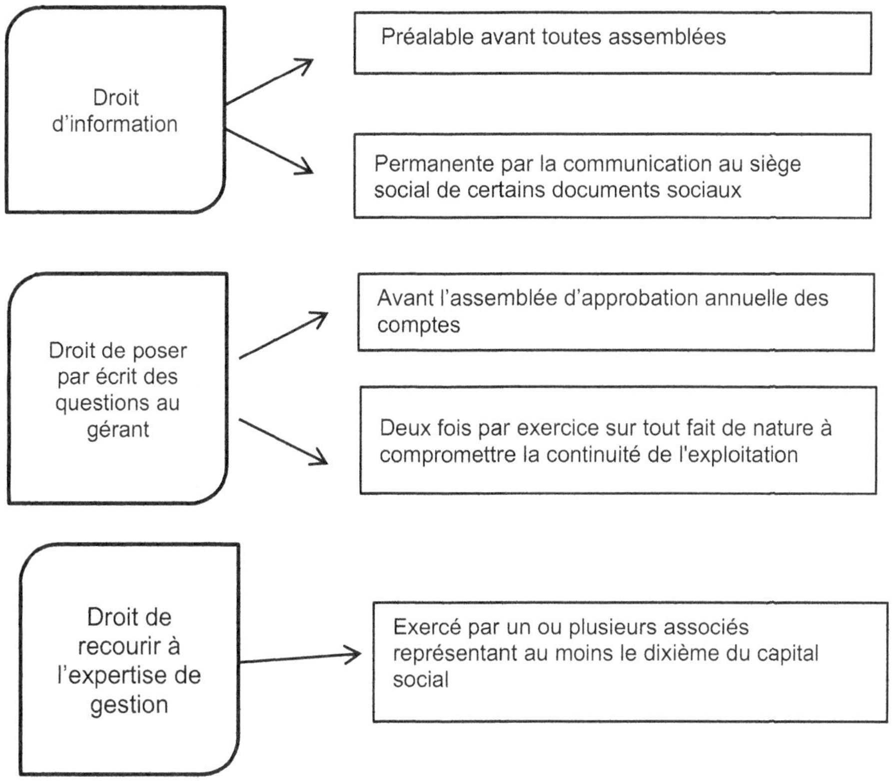

§ 2. Le contrôle par le commissaire aux comptes

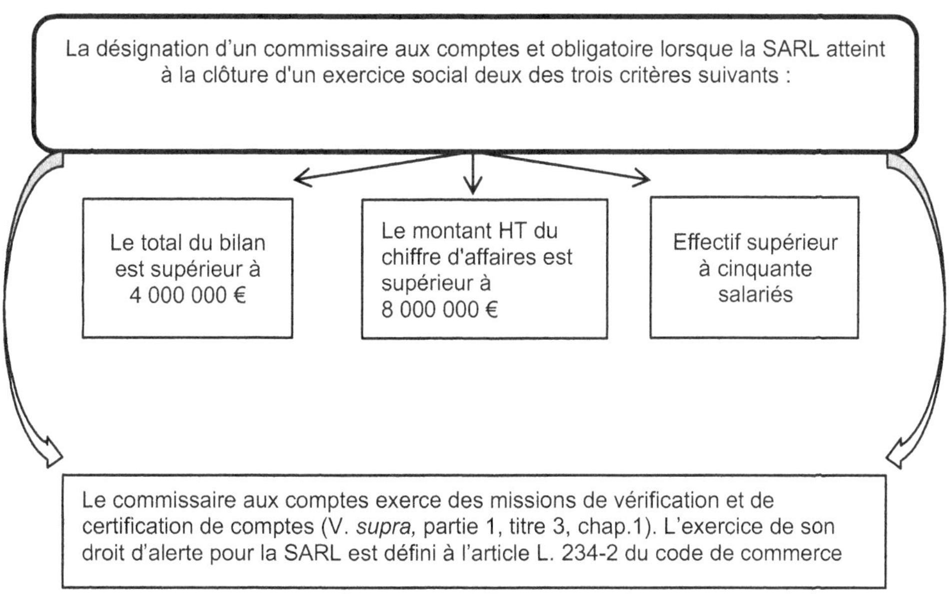

Section 5. Le régime des conventions passées entre la société et un de ses gérants ou associés

§ 1. Les conventions interdites (Art. L 223-21 C.Com.)

La loi interdit d'emprunter auprès de la SARL, de se faire consentir par elle un découvert en compte courant ou autrement, ainsi que de faire cautionner ou avaliser par elle des engagements envers les tiers.

Ces conventions sont interdites dès lors qu'elles sont conclues entre la SARL et l'une ou l'autre des personnes suivantes :

- les gérants ou associés autres que les personnes morales,
- les représentants légaux des personnes morales associées,
- les conjoints, ascendants et descendants des personnes visées ci-dessus, ainsi qu'à toute personne interposée.

La loi sanctionne par la nullité ces opérations conclues dans ces conditions. Ainsi, le gérant qui aurait emprunté auprès de la société pour financer un achat personnel devra restituer les sommes empruntées. Sa responsabilité civile et pénale pourra, selon le cas, être par ailleurs engagée.

§ 2. Les conventions réglementées (Art. L 223-19 C. Com)

La loi soumet par ailleurs à une procédure de contrôle les autres contrats conclus entre la SARL et les personnes suivantes :

- les gérants ou associés, ainsi qu'à toute personne interposée,
- une société dont un associé indéfiniment responsable, gérant, administrateur, directeur général, membre du directoire ou membre du conseil de surveillance, est simultanément gérant ou associé de la SARL.

Prenons l'exemple de Monsieur Dupond associé dans une SARL et administrateur dans une SA, le contrat conclu entre la SARL et la SA est une convention réglementée.

Ces conventions, une fois conclues, font l'objet d'un rapport établi par le gérant ou, s'il en existe un, le commissaire aux comptes et sont soumises à l'approbation des associés. Le gérant ou l'associé intéressé ne peut prendre part au vote et ses parts ne sont pas prises en compte pour le calcul du quorum et de la majorité.

Les conventions non approuvées produisent néanmoins leurs effets, à charge pour le gérant, et, s'il y a lieu, pour l'associé contractant, de supporter individuellement ou solidairement, selon les cas, les conséquences du contrat préjudiciables à la société. Cela signifie qu'un seul d'entre eux pourra être obligé de payer la société, à charge pour lui de se retourner ensuite vers les autres gérants ou associés

Toutefois, s'il n'existe pas de commissaire aux comptes, les conventions conclues par un gérant non associé sont soumises à l'approbation préalable des associés.

§ 3. Les conventions libres

La procédure de contrôle décrite ci-dessus n'est pas applicable lorsque les conventions portent sur des opérations courantes et sont conclues à des conditions normales. Dans cette situation le co-contractant ne tire aucun avantage particulier puisqu'il est traité de la même façon que les tiers avec lesquels la société contracte.

Section 5. Le régime des conventions passées entre la société et un de ses gérants ou associés

§ 1. Les conventions interdites (Art. L 223-21 C. Com)

- les gérants ou associés autres que les personnes morales,
- les représentants légaux des personnes morales associées,
- les conjoints, ascendants et descendants des personnes visées ci-dessus, ainsi qu'à toute personne interposée.

Ne peuvent pas :

- emprunter auprès de la SARL,
- se faire consentir un découvert en compte courant ou autrement par la SARL,
- faire cautionner ou avaliser par la SARL des engagements envers les tiers.

La loi sanctionne par la nullité ces opérations

§ 2. Les conventions réglementées (Art. L 223-19 C.Com.)

Contrats passés entre la SARL et les personnes suivantes :
- les gérants ou associés, ainsi que toute personne interposée,
- une société dont un associé indéfiniment responsable, gérant, administrateur, directeur général, membre du directoire ou membre du conseil de surveillance, est simultanément gérant ou associé de la SARL.

Procédure de contrôle

- rapport établi par le gérant ou, s'il en existe un, le commissaire aux comptes
- approbation par les associés.
- le gérant ou l'associé intéressé ne peut prendre part au vote et ses parts ne sont pas prises en compte pour le calcul du quorum et de la majorité.

§ 3. Les conventions libres

Conventions portant sur des opérations courantes et conclues à des conditions normales.

Section 6. La cession et la transmission des parts sociales

§ 1. La procédure d'agrément pour la cession à des tiers étrangers à la société (Art. L 223-14 C.Com.)

La SARL est une société de personne. Aussi, l'associé qui souhaite quitter la société et vendre ses parts à un tiers étranger à la société doit obtenir l'accord des autres associés qui accepteront ou non l'acquéreur, futur associé.

L'associé qui envisage de vendre ses parts sociales doit notifier son projet de cession à la société et à chacun des associés.

Le gérant convoque, dans les huit jours à compter de la notification, l'assemblée des associés pour qu'elle délibère sur le projet de cession des parts sociales ou, si les statuts le permettent, consulte les associés par écrit sur ce projet.

La cession n'est acceptée qu'avec le consentement de la majorité des associés représentant au moins la moitié des parts sociales, à moins que les statuts prévoient une majorité plus forte. Le cédant prend part au vote.

Si la société n'a pas fait connaître sa décision dans le délai de trois mois, le consentement à la cession est réputé acquis.

En cas de refus d'agrément, la loi a prévu plusieurs solutions.

Les associés doivent, dans le délai de trois mois à compter de ce refus, acquérir ou faire acquérir les parts à un prix fixé d'un commun accord entre le cédant et la société ou par un expert désigné par les parties ou par le tribunal. A la demande du gérant, ce délai peut être prolongé par décision de justice, sans que cette prolongation puisse excéder six mois.

La société peut également, dans le même délai, racheter les parts de l'associé. Son capital sera réduit du montant de la valeur nominale des parts rachetées.

Si à l'expiration du délai imparti, aucune des solutions n'est intervenue, l'associé peut réaliser la cession initialement prévue.

L'associé cédant peut aussi renoncer à la cession.

Par ailleurs, l'obligation de rachat s'impose que si l'associé cédant détient ses parts depuis au moins deux ans. Le cédant reste, dans cette situation, prisonnier de ses titres.

§ 2. La cession entre associés, conjoints, ascendants, descendants et la transmission par voie de succession ou en cas de liquidation de communauté de biens entre époux

La cession aux personnes ci-dessus désignées ou la transmission sont en principe libres, mais les statuts peuvent limiter cette liberté en la soumettant à une procédure d'agrément.

Toutefois cette procédure ne peut être plus sévère que l'agrément à des tiers étrangers à la société et en cas de refus d'agrément, les solutions de rachat prévues pour la cession à des tiers étrangers s'imposent.

Section 6. La cession des parts sociales

§ 1. La procédure d'agrément pour la cession à des tiers étrangers à la société (Art. L 223-14 C.Com.)

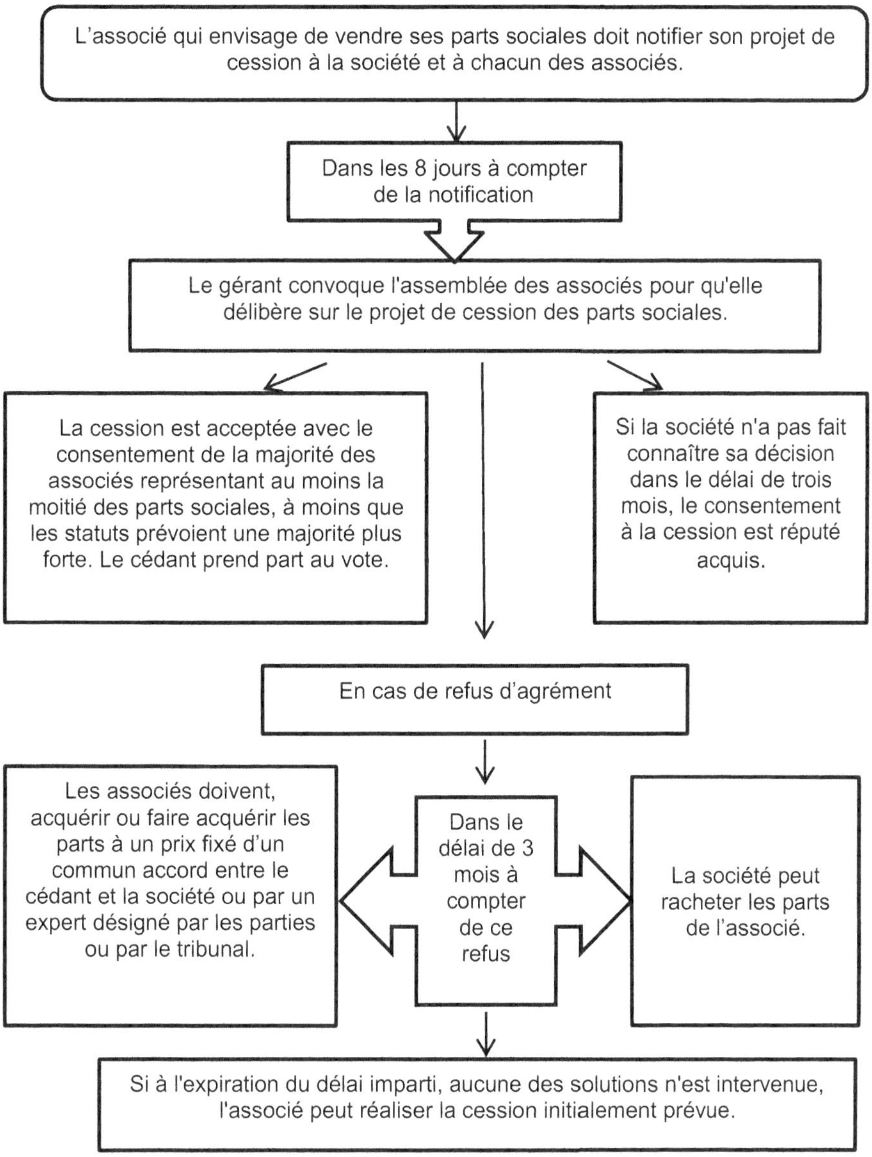

§ 2. La cession entre associés, conjoints, ascendants, descendants et la transmission par voie de succession ou en cas de liquidation de communauté de biens entre époux

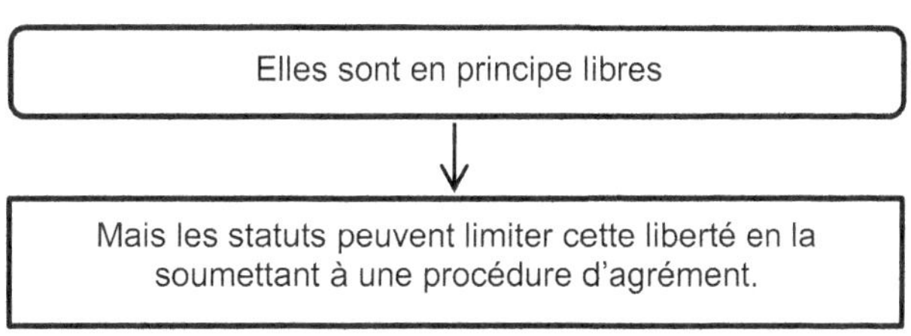

Section 7. Transformation de la SARL en une autre société

La SARL qui souhaite se transformer pour adopter une autre forme juridique de société doit remplir les conditions de fond nécessaires à la nouvelle forme choisie.

Il convient de rappeler que la transformation d'une société en une société d'une autre forme n'entraîne pas la création d'une personne morale nouvelle (V. *supra,* partie 1, titre 4, chap.1).

S'agissant d'une décision importante, les règles de majorité sont renforcées lorsque la transformation a pour effet d'accroitre l'engagement des associés.

Aussi, la transformation d'une SARL en société en nom collectif, en commandite simple ou en commandite par actions et en société par actions simplifiée exige l'accord unanime des associés.

La transformation en société anonyme est décidée à la majorité requise pour la modification des statuts (décision extraordinaire). La loi prévoit toutefois qu'elle peut être décidée par des associés représentant la majorité des parts sociales si les capitaux propres figurant au dernier bilan excèdent 750 000 euros.

Enfin, et dans le souci de mieux informer les associés, la décision de transformation doit être précédée d'un rapport d'un commissaire aux comptes, sur la situation de la société.

Section 8. Les causes de dissolution particulières à la SARL

En dehors des causes communes de dissolution à toutes les sociétés (V. *supra*, partie 1, titre 5, chap.1), la dissolution de la SARL sera prononcée dans les cas suivants :

- si le nombre des associés est supérieur à cent, à moins que dans le délai d'un an le nombre d'associés est ramené à cent ou que la société est transformée.

- si du fait des pertes constatées dans les documents comptables, les capitaux propres de la société deviennent inférieurs à la moitié du capital social. Les associés peuvent cependant écarter la dissolution à condition que la société réduise son capital d'un montant au moins égal à celui des pertes ou reconstitue les capitaux propres à concurrence d'une valeur au moins égale à la moitié du capital social (art.L.223-42 C.com.)

Enfin, si le nombre d'associé est réduit à un, la SARL n'est pas dissoute mais devient une SARL unipersonnelle (EURL).

Section 7. Transformation de la SARL en une autre société

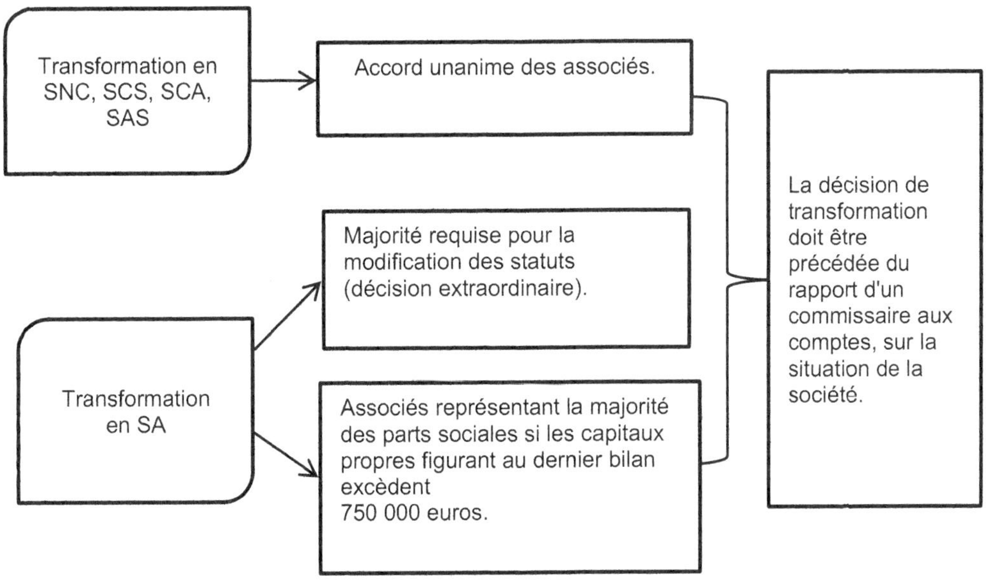

Section 8. Les causes de dissolution particulières à la SARL

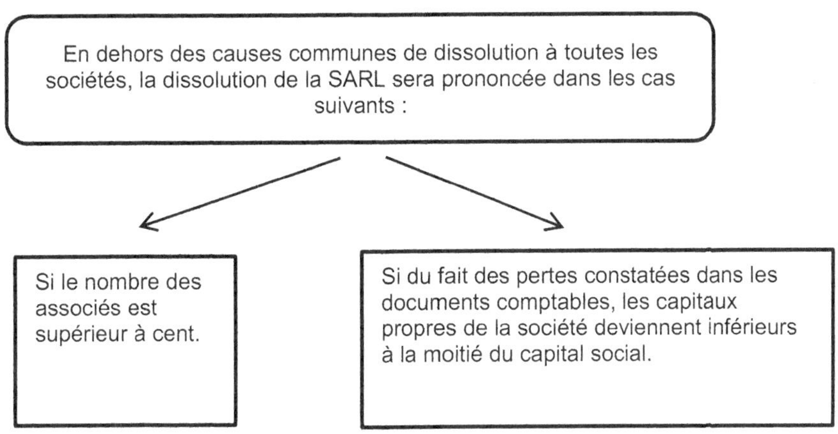

Chapitre 2. L'EURL

L'entreprise unipersonnelle à responsabilité limitée (l'EURL) est une variété de la SARL avec pour particularité d'avoir qu'un seul associé. Les règles de la SARL lui sont applicables sous réserves de quelques aménagements liés à l'existence d'un associé unique. Seules ces règles spécifiques seront exposées dans le présent chapitre.

Section 1. Constitution

L'associé unique peut être une personne physique ou morale. Depuis l'ordonnance n° 2014-863 du 31 juillet 2014, une EURL peut être l'associé unique d'une autre EURL. Par ailleurs une même personne physique ou morale peut créer plusieurs EURL.

La constitution de l'EURL par un associé unique, personne physique, qui assume personnellement la gérance, est simplifiée. Elle est dispensée d'insertion au *BODACC* et la loi propose un modèle de statuts types applicables.

Enfin, il convient de rappeler que l'EURL peut résulter d'une SARL dont les parts sont réunies dans une même main.

Section 2. Fonctionnement

§ 1. Gérance

Le gérant est obligatoirement une personne physique. Il peut être l'associé unique ou un tiers. La gérance confiée à un tiers est obligatoire si l'EURL est créée par une personne morale.

Lorsque le gérant est l'associé, il doit veiller à bien respecter la séparation des patrimoines entre le sien et celui de la société. Les conventions interdites, tel qu'un emprunt auprès de la société, lui sont opposables.

Comme dans la SARL, le rapport de gestion, l'inventaire et les comptes annuels sont établis par le gérant. Toutefois, le gérant est dispensé d'établir un rapport de gestion si sa société rentre dans la catégorie des petites sociétés commerciales, article L232-1 du code de commerce)

Chapitre 2. L'EURL

Section 1. Constitution

L'associé unique peut être :

Une personne physique

Constitution simplifiée pour l'EURL dont l'associé unique, personne physique, assume personnellement la gérance.

Une personne morale

L'EURL peut résulter d'une SARL dont les parts sont réunies dans une même main.

Section 2. Fonctionnement

§ 1. Gérance

Associé unique

Il doit veiller à bien respecter la séparation des patrimoines.

Tiers non associé

Obligatoire si l'EURL est créée par une personne morale.

Comme dans la SARL, il établit le rapport de gestion, (sauf dispense pour les petites sociétés commerciales), l'inventaire et les comptes annuels.

§ 2. Pouvoirs de l'associé unique

L'associé unique exerce les pouvoirs dévolus à l'assemblée des associés. Les décisions ordinaires et extraordinaires lui reviennent (approbation des comptes, affectation des résultats, modification statutaires). Il ne peut déléguer ses pouvoirs. Les règles de convocation, de vote et de majorité des assemblées ne lui sont, bien sûr, pas applicables mais ses décisions, prises au lieu et place de l'assemblée, sont répertoriées dans un registre des délibérations, comme pour les SARL.

Lorsque le gérant est l'associé unique, il est dispensé de réunir une assemblée générale pour procéder à l'approbation des comptes. Cette formalité est réputée accomplie par le dépôt des comptes annuels et de l'inventaire au greffe du tribunal de commerce.

Section 3. Les causes de dissolution de l'EURL

Les causes de dissolution communes à toutes les sociétés sont applicables à l'EURL. Si l'associé est une personne physique, la dissolution sera suivie de la liquidation de la société.

Par contre, la dissolution d'une EURL dont l'associé est une personne morale emporte non pas la liquidation de la société, mais la transmission universelle du patrimoine à l'associé unique. L'associé unique, personne morale, recueillera dans cette situation, l'actif et le passif de l'EURL.

§ 2. Pouvoirs de l'associé unique

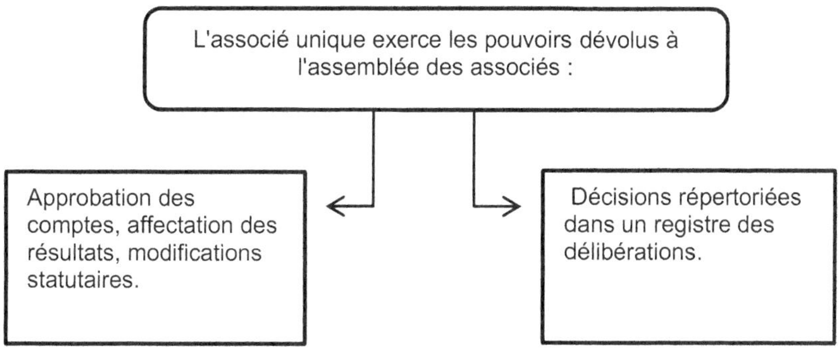

Section 3. Les causes de dissolution de l'EURL

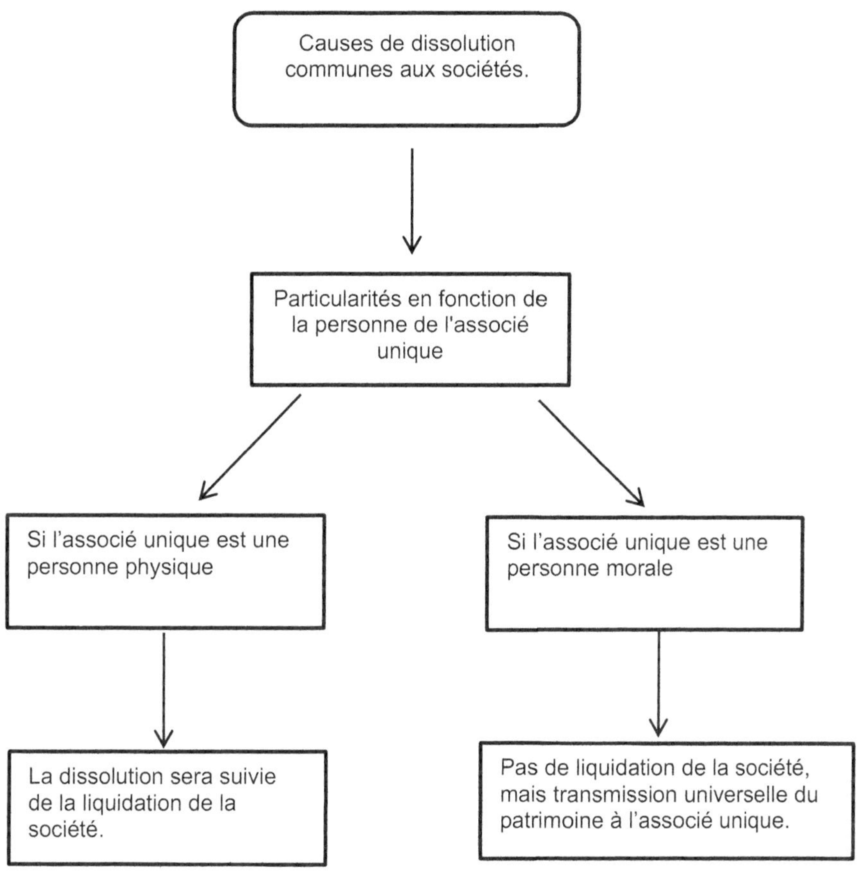

Titre 2. Les sociétés par actions

Il existe trois types de sociétés par actions : la société anonyme (SA), la société par actions simplifiée (SAS) et la société en commandite par actions (SCA),

La société anonyme est, en nombre, la plus courante des sociétés de capitaux en activité. Conçue à l'origine pour les grandes entreprises, la société anonyme a connu également un vif succès auprès des entreprises de taille plus modeste. En effet, pendant de nombreuses décennies, la société anonyme était choisie, par préférence aux SARL, par des PME à caractère familial afin de permettre aux dirigeants majoritaires dans le capital de bénéficier du régime de protection sociale des salariés.

Mais avec l'alignement du statut fiscal et social des non-salariés sur celui des salariés et, avec la création en 1994 de la SAS qui a bénéficié de nombreux aménagements rendant cette forme juridique très attractive, la société anonyme ne présente plus autant d'intérêt auprès des PME qui se tournent désormais vers la SAS dont le nombre connait une forte croissance.

Quant aux sociétés en commandite par actions, elles sont de loin très minoritaires (moins de 1% des sociétés).

Ces sociétés par actions sont des sociétés de capitaux :

- leur régime n'est pas fondé sur la personnalité des associés, les associés sont des actionnaires qui peuvent ne pas se connaitre ;
- la responsabilité des actionnaires est limitée à concurrence de leurs apports ;
- elles émettent des actions qui sont des titres, par principe, librement négociables et d'autres types de valeurs mobilières telles que des obligations ou des valeurs mobilières composées ;
- elles sont conçues de manière à ouvrir facilement le capital social à des investisseurs extérieurs. A l'exception de la SAS, ces sociétés peuvent drainer des capitaux importants par l'offre au public de titres financiers et par l'admission de titres aux négociations sur un marché réglementé (depuis l'ordonnance n° 2009-80 du 22 janvier 2009, la notion d`appel public à l`épargne a été remplacée par la notion d`offre au public de titres financiers).

Titre 2. Les sociétés par actions

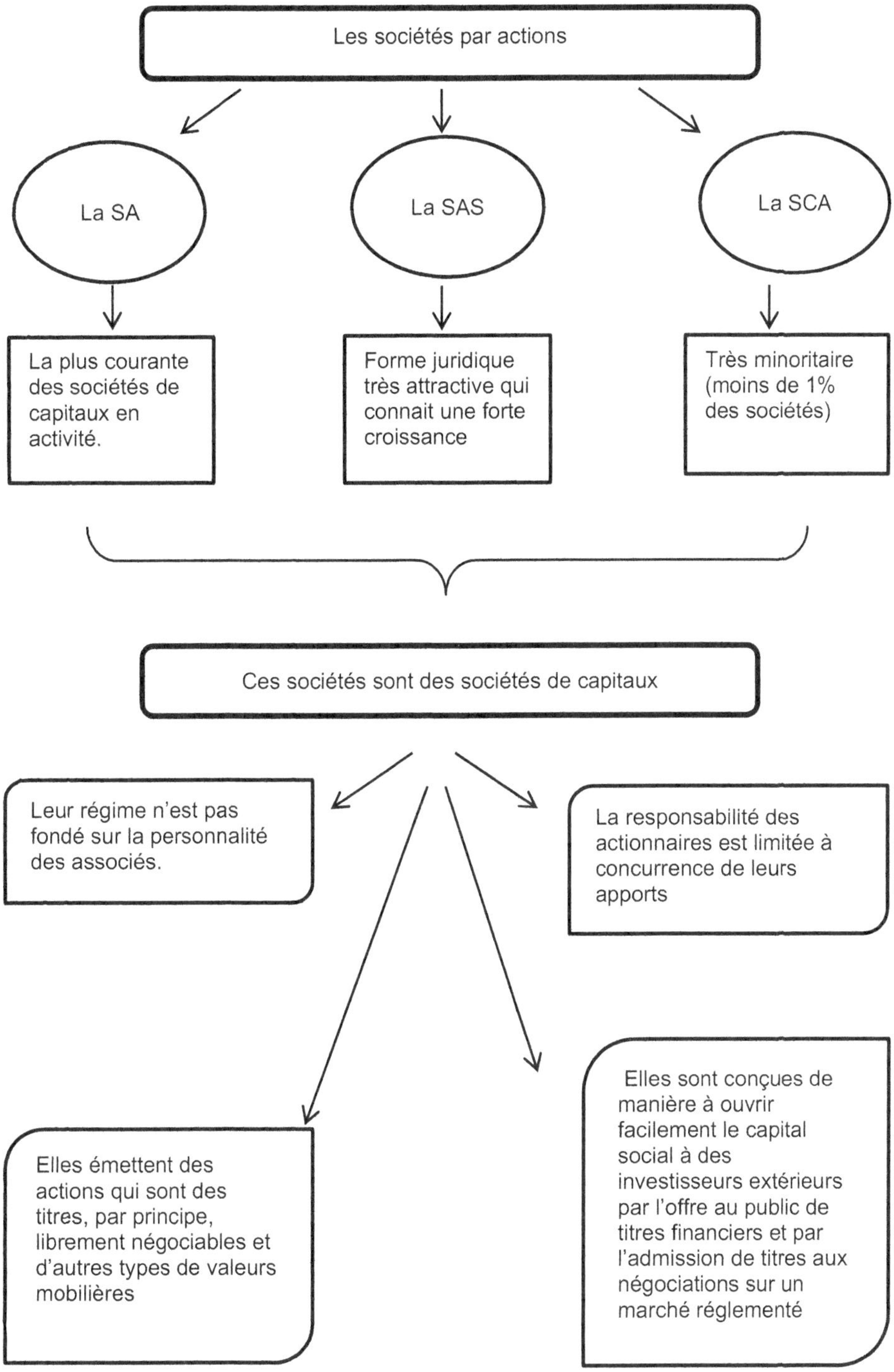

Chapitre 1. La société anonyme

La société anonyme a été créée en 1867 pour répondre aux besoins de capitaux nécessaires à l'essor de l'industrie en France. Elle est la forme par excellence des sociétés de capitaux, particulièrement adaptée au développement des grandes entreprises. La réglementation tend à distinguer les sociétés cotées en bourse et les très grandes entreprises non cotées pour lesquelles de nombreuses dispositions viennent se rajouter, imposant à ces dernières toujours plus d'obligations, et les PME constituées sous forme de SA qui ne sont pas soumises aux mêmes contraintes.

Section 1. Les conditions de constitution de la Société anonyme

§ 1. Les associés

Les associés sont des actionnaires. Ils sont au minimum deux et au minimum sept pour les sociétés cotées en bourse. La loi ne fixe pas de maximum d'où son qualificatif d'anonyme dans la mesure où la société peut ignorer la personnalité des associés.

N'ayant pas la qualité de commerçant, les actionnaires peuvent être des personnes physiques quel que soit leur âge ou des personnes morales.

Les associés ne supportent les pertes qu'à concurrence de leurs apports.

§ 2. Le capital social

Le capital social doit être de 37 000 € au moins. Il est divisé en actions et son montant doit figurer avec la mention de la dénomination sociale et de la forme de la société sur tous documents destinés aux tiers.

§ 3. Les apports

Les apports en industrie sont interdits, seuls les apports en numéraires et en nature sont autorisés. Ces apports donnent lieu, en contrepartie, à l'attribution d'actions.

Les apports en numéraire sont libérés, lors de la souscription, de la moitié au moins. La libération du surplus doit intervenir dans un délai qui ne peut excéder cinq ans à compter de l'immatriculation de la société au registre du commerce et des sociétés.

Les apports en nature sont évalués par un commissaire aux apports désignés à l'unanimité des fondateurs ou, à défaut, par décision de justice, à la demande des fondateurs ou de l'un d'entre eux.

§ 4. Le contrôle par le commissariat aux comptes

L'obligation de nommer par décision collectives un ou plusieurs commissaires aux comptes est obligatoire dans les cas suivants :

- Si la SA dépasse deux des seuils suivants : 4 000 000 € au total du bilan, 8 000 000 € hors taxe du chiffre d'affaires, cinquante salariés permanents employés au cours de l'exercice.

- Si un ou plusieurs associés représentant au moins le tiers du capital en font la demande motivée auprès de la société.

Par ailleurs, la nomination d'un commissaire aux comptes peut être demandée en justice par un ou plusieurs associés représentant au moins le dixième du capital.

Chapitre 1. La société anonyme

Section 1. Les conditions de constitution de la Société anonyme

§ 1. Les associés

- Actionnaires
- Leur nombre ne peut être inférieur à 2 et à 7 pour les sociétés cotées en bourse.
- Personnes physiques ou personnes morales
- Ne supportent les pertes qu'à concurrence de leurs apports

§ 2. Le capital social

- 37 000 € au moins
- Divisé en actions

§ 3. Les apports

- Apports en industrie : interdits
- Apports en numéraire : Libérés, lors de la souscription, de la moitié au moins ; le surplus dans les cinq ans
- Apports en nature : Évalués par un commissaire aux apports

§ 4. Le contrôle par le commissariat aux comptes

Le commissaire aux comptes est obligatoire dans les cas suivants :

- Si la SA dépasse deux des seuils suivants :
  - 4 000 000 € au total du bilan,
  - 8 000 000 € hors taxe du chiffre d'affaires,
  - cinquante salariés permanents employés au cours de l'exercice.
- Si un ou plusieurs associés représentant au moins le tiers du capital en font la demande motivée auprès de la société.

La nomination d'un commissaire aux comptes peut être demandée en justice par un ou plusieurs associés représentant au moins le dixième du capital.

Section 2. Présentation des deux modes d'organisation de la SA

Les fondateurs ont le choix entre deux modes d'organisation de la SA : la SA avec conseil d'administration et la SA à directoire et conseil de surveillance.

Les deux modes se présentent sous forme pyramidale avec à la base, l'assemblée des actionnaires et au sommet, l'organe chargé de la direction quotidienne. Entre les deux, un organe collégial assume des fonctions de direction stratégique et /ou de contrôle.

§ 1. La SA avec conseil d'administration

Cette forme d'organisation dite classique est de loin la plus courante.

La société est administrée par un conseil d'administration qui détermine les orientations de l'activité de la société et veille à leur mise en œuvre. Il est composé de trois membres au moins et de dix-huit au plus.

La direction générale de la société est assumée :

- soit par le président du conseil d'administration. Ce dernier assume alors à la fois les fonctions de président du conseil d'administration et de directeur général (PDG) ;

- soit par une autre personne physique nommée par le conseil d'administration et portant le titre de directeur général. Ce directeur peut être assisté par un plusieurs directeurs généraux délégués, dans la limite de cinq.

§ 2. La SA avec directoire et conseil de surveillance

Cette organisation, plus récente, est peu choisie. A la différence du mode de gestion classique, l'organisation de cette société sépare très distinctement les fonctions de gestion et de contrôle.

Cette société est dotée de deux organes collégiaux :

- un directoire qui réunit les pouvoirs d'administration et de direction. Il est composé de deux à cinq membres, sept au maximum dans les sociétés cotées. Mais dans les sociétés anonymes dont le capital est inférieur à 150 000 €, les fonctions dévolues au directoire peuvent être exercées par une seule personne qui prend le titre de directeur général unique. Le président du directoire ou, le cas échéant, le directeur général unique représente la société dans ses rapports avec les tiers ;

- un conseil de surveillance qui exerce le contrôle permanent de la gestion de la société par le directoire. Il est composé de trois membres au moins et de dix-huit au plus.

Section 2. Les deux modes d'organisation de la SA

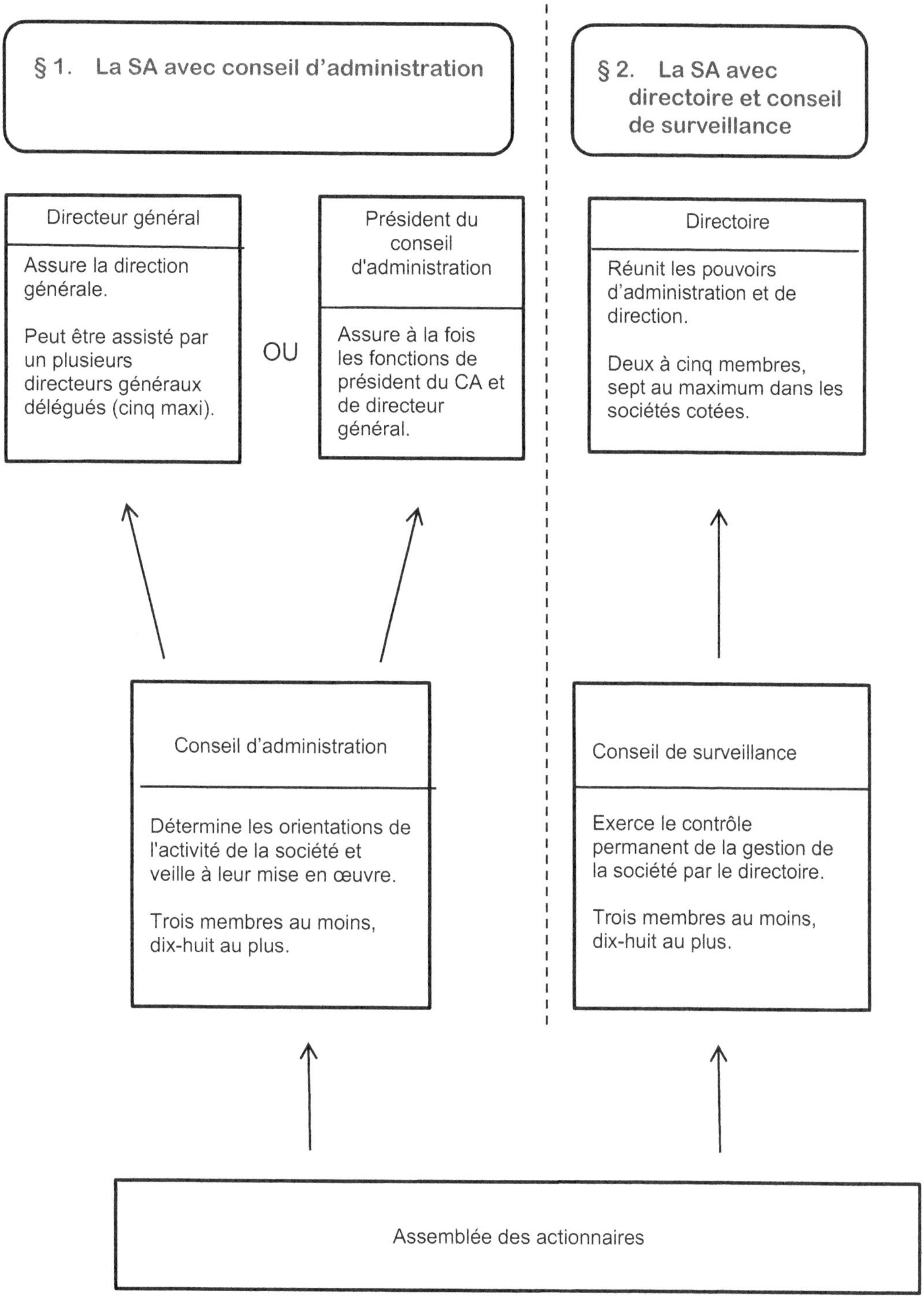

Section 3. La SA avec conseil d'administration

§ 1. Les membres du conseil d'administration

I. Le statut des administrateurs

Les administrateurs, membres du conseil d'administration sont nommés par l'assemblée générale ordinaire des actionnaires. Ils sont révocables par la même assemblée à tout moment, sans motif particulier et n'ouvre droit à aucune indemnité (révocation *ad nutum*).

Les administrateurs peuvent être des personnes physiques ou morales. La personne morale administrateur doit alors désigner un représentant permanent au conseil d'administration.

La qualité d'actionnaire n'est plus obligatoire, mais les statuts peuvent imposer que chaque administrateur soit propriétaire d'un nombre déterminé d'actions de la société.

La durée de leurs fonctions est déterminée par les statuts sans pouvoir excéder six ans. Ils sont rééligibles, sauf stipulation contraire des statuts.

Les statuts doivent prévoir une limite d'âge s'appliquant soit à l'ensemble des administrateurs, soit à un pourcentage déterminé d'entre eux. Si les statuts ne prévoient pas de limite d'âge, le nombre des administrateurs ayant dépassé l'âge de soixante-dix ans ne peut être supérieur au tiers des administrateurs en fonction.

La loi prévoit par ailleurs une limitation du cumul des mandats d'administrateur. L'administrateur, personne physique ne peut, en effet, exercer simultanément plus de cinq mandats d'administrateur de SA ayant leur siège sur le territoire français. Cependant, ne sont pas pris en compte les mandats d'administrateur exercés par cette personne dans les sociétés contrôlées par la société dont elle est administrateur.

À noter que les statuts peuvent, sous certaines conditions, prévoir des administrateurs élus par le personnel de la société (Art.L.225-27 C.com.). L'intégration d'administrateurs représentant les salariés est cependant obligatoire pour les sociétés de grande taille. Leur nombre est au moins égal à deux dans les sociétés dont le nombre d'administrateurs est supérieur à huit et au moins à un s'il est égal ou inférieur à ce chiffre (Art. L. 225-27-1 C.com).

Enfin, depuis la loi du 27 janvier 2011 sur l'égalité professionnelle hommes – femmes, le conseil d'administration est composé en recherchant une représentation équilibrée des femmes et des hommes. Pour les sociétés cotées en bourse et les SA non cotées qui comptent dans leur effectif au moins 500 salariés ou dont leur chiffre d'affaires ou leur bilan annuel dépasse 50 millions d'euros, le quota de représentativité des femmes est au minimum de 40 %.

Lorsque le conseil d'administration est composé au plus de huit membres, l'écart entre le nombre des administrateurs de chaque sexe ne peut être supérieur à deux.

Section 3. La SA avec conseil d'administration

§ 1. Les membres du conseil d'administration

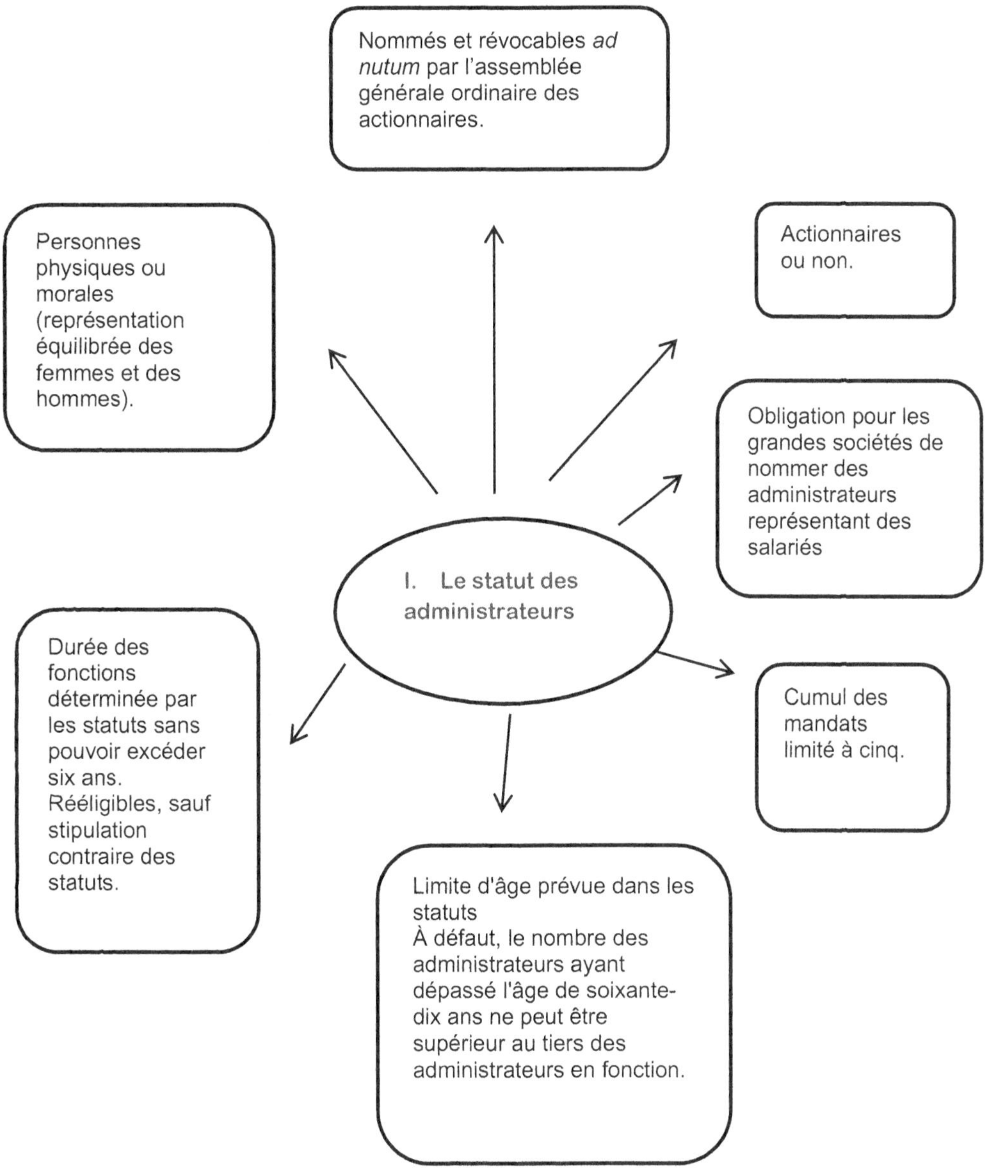

II. La rémunération des administrateurs

En rémunération de leur activité, les administrateurs peuvent se voir allouer une somme d'argent dont le montant global pour l'ensemble du conseil d'administration est fixé par l'assemblée générale ordinaire et répartie ensuite entre les membres par le conseil d'administration.

Les administrateurs peuvent également percevoir des rémunérations exceptionnelles pour les missions ou mandats confiés et des remboursements de frais engagés dans l'intérêt de la société. Ils peuvent, en outre, bénéficier de stock-options.

Les rémunérations et avantages de toute natures versés aux administrateurs doivent être communiqués dans le rapport du gouvernement d'entreprise.

Enfin, un administrateur ne peut jamais devenir salarié de la SA qu'il administre. Il existe, toutefois, une exception dans les sociétés de moins de 250 salariés et qui réalisent un chiffre d'affaires annuel inférieur 50 millions € ou dont le total du bilan annuel n'excède pas 43 millions €. L'administrateur peut devenir salarié si son contrat de travail de travail correspond à un emploi effectif.

Par contre, un salarié peut devenir administrateur et conserver son statut de salarié à condition d'occuper un emploi effectif et demeurer dans un état de subordination avec son employeur. Le nombre des administrateurs liés à la société par un contrat de travail ne doit pas dépasser le tiers des administrateurs en fonction.

III. Le Président du conseil d'administration

Le conseil d'administration nomme parmi ses membres le président du conseil d'administration pour une durée qui ne peut excéder celle de son mandat d'administrateur. Il est rééligible.

Le conseil d'administration peut le révoquer à tout moment (révocation *ad nutum)*. La révocation au poste de président ne lui fait pas perdre son mandat d'administrateur.

C'est une personne physique. Le conseil d'administration détermine sa rémunération. Dans les sociétés cotées, les éléments de sa rémunération font l'objet d'une résolution soumise au moins chaque année à l'approbation de l'assemblée générale des actionnaires. Le président du CA bénéficie du même statut fiscal et social que les salariés ; la protection ne s'étend pas toutefois au risque du chômage.

Les statuts doivent prévoir pour l'exercice des fonctions de président du conseil d'administration une limite d'âge qui, à défaut d'une disposition expresse, est fixée à soixante-cinq ans.

En sa qualité de président du conseil d'administration, ce dernier a pour mission :

- d'organiser et diriger les travaux du conseil d'administration,
- d'en rendre compte à l'assemblée générale,
- de veiller au bon fonctionnement des organes de la société et de s'assurer que les administrateurs sont en mesure de remplir leur mission.

Lorsqu'il assume la direction générale de la société, le président du conseil d'administration cumule alors sa fonction de président du conseil d'administration avec celle de directeur général (V. *infra,* §.4)

II. La rémunération des administrateurs

En rémunération de leur activité, les administrateurs peuvent recevoir :

- Somme d'argent
- Rémunérations exceptionnelles pour les missions ou mandats confiés
- Remboursements de frais engagés dans l'intérêt de la société.
- Stock-options

Un administrateur ne peut jamais devenir salarié de la SA qu'il administre (exception pour certaines PME).

Un salarié de la SA peut devenir administrateur si :

- Il occupe un emploi effectif et demeure dans un état de subordination avec son employeur.
- Le nombre des administrateurs liés à la société par un contrat de travail ne doit pas dépasser le tiers des administrateurs en fonction.

III. Le Président du conseil d'administration

- Nommé par le CA parmi ses membres et révocable ad nutum par le CA.
- Personne physique.
- La durée de ses fonctions ne peut excéder celle de son mandat d'administrateur. Il est rééligible.
- Limite d'âge prévue dans les statuts ; à défaut, elle, est fixée à soixante-cinq ans.
- Il a pour mission :
  - d'organiser et diriger les travaux du conseil d'administration,
  - d'en rendre compte à l'assemblée générale,
  - de veiller au bon fonctionnement des organes de la société et de s'assurer que les administrateurs sont en mesure de remplir leur mission.
- Lorsqu'il assume la direction générale de la société, le président du conseil d'administration cumule alors sa fonction de président du conseil d'administration avec celle de directeur général.

§ 2. Les pouvoirs du conseil d'administration

Le conseil d'administration exerce des pouvoirs importants.

I. Pouvoir de décision

Le conseil d'administration décide des orientations stratégiques de la société. Il doit agir dans l'intérêt de la société, en prenant en compte les enjeux environnementaux et sociaux de son activité. Il prend également en considération la raison d'être de la société, lorsque celle-ci est définie dans les statuts en application de l'article 1835 du code civil. Il se saisit enfin de toute question intéressant la bonne marche de la société et les règle par ses délibérations.

Son pouvoir dans la gestion de la société connait cependant des limites :

- il ne peut empiéter sur les pouvoirs expressément attribués aux assemblées d'actionnaires et aux autres organes,
- il doit respecter toute clause statutaire limitant ses pouvoirs,
- il doit agir dans la limite de l'objet social.

À l'égard des tiers ces limitations sont sans effet (sauf mauvaise foi des tiers en cas de dépassement de l'objet social). Toutefois, la responsabilité des administrateurs pourra être engagée.

II. Pouvoir de contrôle

Le conseil d'administration exerce aussi une mission de contrôle sur la direction générale. Il procède aux contrôles et vérifications qu'il juge opportuns et peut obtenir pour l'accomplissement de sa mission tous les documents et informations nécessaires.

III. Autres missions du conseil d'administration

Le conseil d'administration est investi des autres missions suivantes :

- convocation des assemblées générales et fixation de l'ordre du jour ;
- établissement des comptes, du rapport de gestion auquel est joint ou intégré un rapport sur le gouvernement d'entreprise et (pour les sociétés cotées et les grandes sociétés), une déclaration de performance extra-financière ;
- autorisations des conventions réglementées et des cautions, avals et garanties donnés par la société ;
- répartition de la rémunération allouée ;
- autorisation des émissions d'obligations ;
- déplacement du siège social sur le territoire français ;
- délibération annuelle la politique de la société en matière d'égalité professionnelle et salariale ;
- nomination et révocation du président du CA, du directeur général et des directeurs généraux délégués et fixation de leur rémunération.

§ 2. Les pouvoirs du conseil d'administration

Pouvoirs du CA

I. Pouvoir de décision

Décide des orientations stratégiques de la société en prenant en compte les enjeux environnementaux et sociaux de son activité et le cas échéant, la raison d'être de la société

Se saisit de toute question intéressant la bonne marche de la société et les règle par ses délibérations

II. Pouvoir de contrôle

Contrôle la direction générale

Peut obtenir la communication de tous documents et informations nécessaires à l'accomplissement de sa mission

Limites :
- il ne peut empiéter sur les pouvoirs expressément attribués aux assemblées d'actionnaires et aux autres organes
- il doit respecter toute clause statutaire limitant ses pouvoirs
- il doit agir dans la limite de l'objet social

III. Autres missions du conseil d'administration

- convocation des assemblées générales et fixation de l'ordre du jour
- établissement des comptes et du rapport de gestion
- autorisations des conventions réglementées et des cautions, avals et garanties donnés par la société
- répartition de la rémunération
- autorisation des émissions d'obligations
- déplacement du siège social sur le territoire français
- délibération annuelle sur la politique de la société en matière d'égalité professionnelle et salariale
- nomination et révocation du président du CA, du directeur général et des directeurs généraux délégués et fixation de leur rémunération

§ 3. Convocation et délibérations du conseil d'administration

I. Convocation

Il n'existe pas de formalisme imposé par la loi. Les règles relatives à la convocation du conseil d'administration sont déterminées par les statuts.

Toutefois, la loi prévoit que lorsque le conseil d'administration ne s'est pas réuni depuis plus de deux mois, le tiers au moins des membres du conseil d'administration peut demander au président de convoquer celui-ci sur un ordre du jour déterminé.

Le directeur général peut également demander au président de convoquer le conseil d'administration sur un ordre du jour déterminé.

II. Délibération, quorum et majorité

Le conseil d'administration ne délibère valablement que si la moitié au moins de ses membres sont présents. Toute clause contraire est réputée non écrite. La loi autorise cependant, sous certaines conditions, la participation à la réunion par des moyens de visioconférence ou de télécommunication et crée une dérogation à la participation physique des administrateurs en autorisant la consultation écrite pour certaines décisions.

Les décisions sont prises à la majorité des membres présents ou représentés, mais les statuts peuvent prévoir une majorité plus forte.

Chaque administrateur représente une voix. En cas de partage de voix et sauf disposition contraire des statuts, la voix du président est prépondérante.

§ 3. Convocation et délibérations du conseil d'administration

I. Convocation

- Selon les règles prévues dans les statuts
- À la demande du tiers au moins des membres du conseil d'administration, si le conseil d'administration ne s'est pas réuni depuis plus de deux mois.
- À la demande du directeur général

II. Délibération, quorum et majorité

- Le quorum est de la moitié des membres présents
- Les décisions sont prises à la majorité des membres présents ou représentés
- En cas de partage de voix et sauf disposition contraire des statuts, la voix du président est prépondérante

§ 4. Le directeur général

Lorsque la direction générale n'est pas assumée par le président du conseil d'administration, elle est alors exercée par une personne distincte : le directeur général.

I. Le statut du directeur général

C'est une personne physique nommée par le conseil d'administration, actionnaire ou non, administrateur ou non.

Il est révocable à tout moment par le conseil d'administration. Mais si sa révocation est dépourvue de justes motifs, elle donne lieu à des dommages et intérêts (sauf lorsque le directeur général assume les fonctions de président du conseil d'administration)

Les statuts doivent prévoir une limite d'âge qui, à défaut d'une disposition expresse, est fixée à soixante-cinq ans.

Sa rémunération est fixée par le conseil d'administration. Cette rémunération, ainsi que tous les autres avantages versés par la société durant l'exercice doivent être communiqués aux actionnaires dans le rapport sur le gouvernement d'entreprise. Sur le plan fiscal et social il bénéficie des mêmes avantages que les salariés.

Dans les sociétés cotées, les principes et les critères de détermination, de répartition et d'attribution des éléments composant sa rémunération doivent être approuvés en assemblée générale ordinaire par les actionnaires.

Il peut, en outre, cumuler son mandat avec un contrat de travail sous réserve que ce dernier soit effectif, distinct de ses fonctions de direction générale et qu'il demeure dans un état de subordination.

Enfin, il ne peut exercer simultanément plus d'un mandat de directeur général de SA ayant leur siège sur le territoire français. Toutefois un deuxième mandat de même nature peut, par dérogation, être exercé dans une filiale contrôlée par la société dont il est directeur général ou dans une autre société à condition que cette dernière ne soit pas cotée.

§ 4. Le directeur général

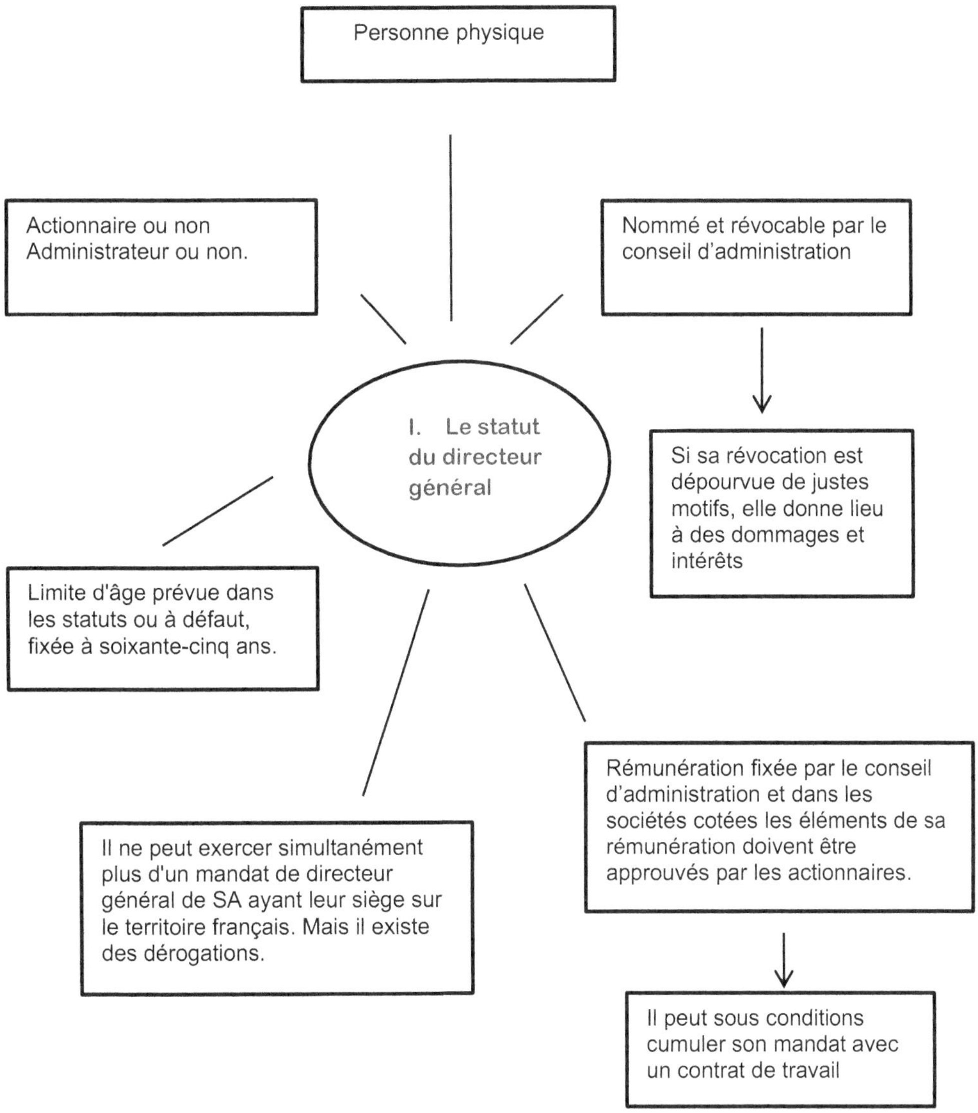

II. Les pouvoirs du directeur général

Le directeur général est le véritable chef de l'entreprise. C'est lui qui va assurer la gestion quotidienne de la société. Pour cela il est investi des pouvoirs les plus étendus pour agir en toute circonstance au nom de la société. C'est également lui qui représente la société dans ses rapports avec les tiers.

Ces pouvoirs sont cependant limités par :

- les pouvoirs expressément attribués aux assemblées d'actionnaires et au conseil d'administration,
- toute clause statutaire réduisant ses pouvoirs,
- l'objet social.

À l'égard des tiers, la société est engagée même par les actes du directeur général qui ne relèvent pas de l'objet social et les limitations statutaires leu sont inopposables. Toutefois, sa responsabilité pourra être engagée.

III. La possibilité d'être assisté par un ou plusieurs directeurs généraux délégués

Sur proposition du directeur général, le conseil d'administration peut nommer un ou plusieurs directeurs généraux délégués chargés d'assister le directeur général. Les propositions de nomination doivent tendre à une représentation équilibrée des femmes et des hommes. Les statuts fixent le nombre maximum des directeurs généraux délégués, qui ne peut dépasser cinq.

Les conditions de nomination (personne physique, actionnaire ou non, limite d'âge etc.), de révocation et de rémunération sont les mêmes que celles du directeur général.

Leurs pouvoirs sont déterminés, en accord avec le directeur général, par le conseil d'administration. Mais cette répartition des fonctions et sans conséquence à l'égard des tiers puisqu'ils disposent, selon la loi, à leur égard, des mêmes pouvoirs que le directeur général.

II. Les pouvoirs du directeur général

Investi des pouvoirs les plus étendus pour agir en toute circonstance au nom de la société.
Il représente la société dans ses rapports avec les tiers.

Limites :

Pouvoirs dévolus aux assemblées d'actionnaires et au conseil d'administration

Clause statutaire réduisant ses pouvoirs

Objet social

III. La possibilité d'être assisté par un ou plusieurs directeurs généraux délégués

Sur proposition du directeur général, le conseil d'administration peut nommer un ou plusieurs directeurs généraux délégués chargés d'assister le directeur général.

Les conditions de nomination (personne physique, actionnaire ou non, limite d'âge etc.), de révocation et de rémunération sont les mêmes que celles du directeur général.

Leurs pouvoirs sont déterminés, en accord avec le directeur général, par le conseil d'administration.

Cette répartition des fonctions et sans conséquence à l'égard des tiers puisqu'ils disposent, selon la loi, à leur égard, des mêmes pouvoirs que le directeur général.

Section 4. La SA avec directoire et conseil de surveillance

La gestion avec directoire et conseil de surveillance est plutôt adoptée par les grandes entreprises et demeure peu utilisée.

La direction et la gestion de la société sont assurées par un organe collégial, le directoire, lequel va exercer ses fonctions sous le contrôle d'un conseil de surveillance. À la différence de la SA avec conseil d'administration, ce mode de gouvernance permet de dissocier plus nettement les fonctions de direction et de contrôle.

§ 1. Les membres du directoire

I. Composition

Le directoire est composé de cinq membres au plus, ce nombre peut être porté par les statuts à sept lorsque la société est cotée en bourse.

Cependant, dans les sociétés anonymes dont le capital est inférieur à 150 000 euros, les fonctions dévolues au directoire peuvent être exercées par une seule personne, appelée directeur général unique.

Sans être une obligation, la composition du directoire doit tendre vers une meilleure parité entre les hommes et les femmes.

II. Statut

Les membres du directoire sont nommés par le conseil de surveillance pour une durée fixée dans les statuts comprise entre deux à six ans, à défaut, la durée du mandat est de quatre ans. Ils sont rééligibles. C'est également le conseil de surveillance qui confère à l'un des membres nommés la qualité de président.

Ce sont des personnes physiques et peuvent être choisis en dehors des actionnaires. Ils ne peuvent être à la fois membre du directoire et membre du conseil de surveillance.

Ils sont soumis aux mêmes règles de cumul de mandat, de limite d'âge et de rémunération que le directeur général dans la SA avec conseil d'administration (V. *supra,* sect.3, §.4).

Mais à la différence du directeur général, les membres du directoire sont révocables par l'assemblée générale des actionnaires et non par l'organe qui les a nommés.

Toutefois, si les statuts le prévoient, ils peuvent être révoqués par le conseil de surveillance. La révocation décidée sans juste motif, peut donner lieu à dommages-intérêts.

Section 4. La SA avec directoire et conseil de surveillance

§ 1. Les membres du directoire.

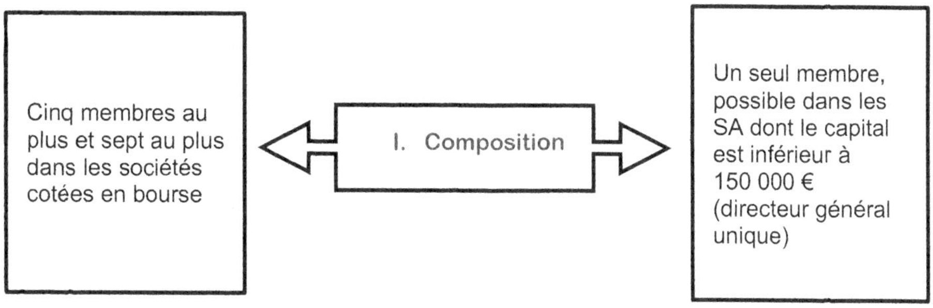

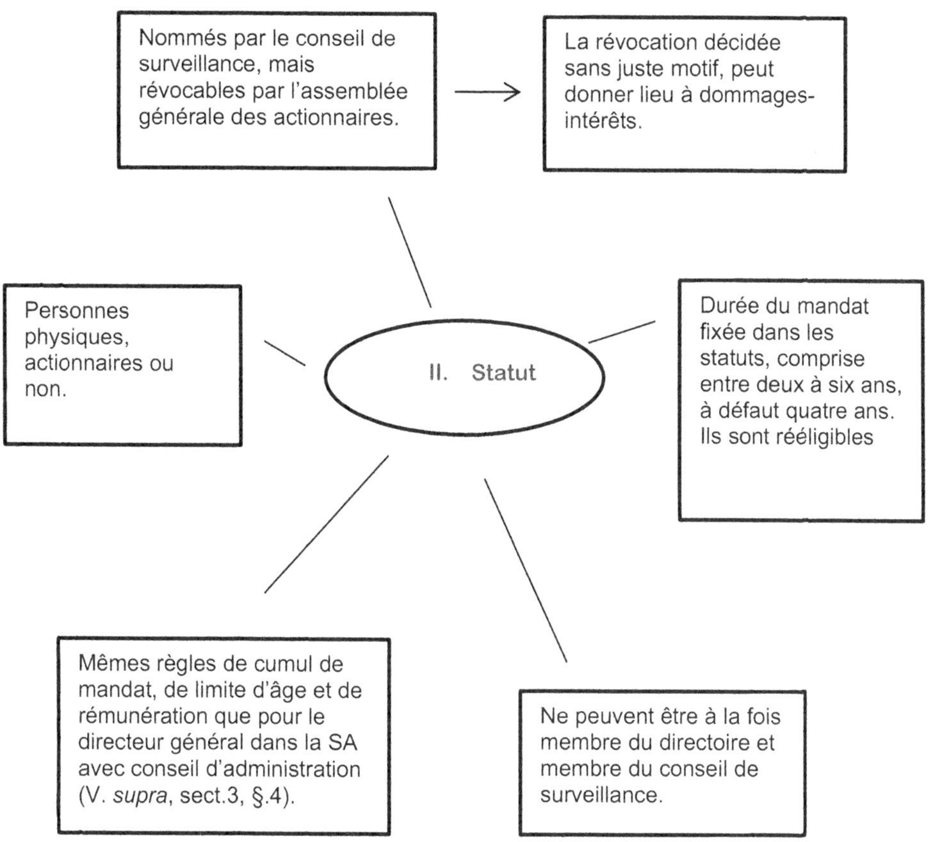

§ 2. Pouvoirs et fonctionnement du directoire

I. Pouvoirs du directoire

Le directoire est un organe collégial de décision. Il exerce à la fois les fonctions de direction et de gestion de l'entreprise. Il détermine les orientations de l'activité de la société dans son intérêt, en prenant en compte les enjeux environnementaux et sociaux de son activité. Il prend également en considération la raison d'être de la société, lorsque celle-ci est définie dans les statuts en application de l'article 1835 du code civil. Il est investi des pouvoirs les plus étendus pour agir en toute circonstance au nom de la société, dans la limite de l'objet social et sous réserve de ceux expressément attribués par la loi au conseil de surveillance et aux assemblées d'actionnaires.

Le président du directoire représente la société à l'égard des tiers. Toutefois, les statuts peuvent habiliter le conseil de surveillance à attribuer le même pouvoir de représentation à un ou plusieurs autres membres du directoire qui portent alors le titre de directeur général.

Le directoire exerce par ailleurs, des pouvoirs qui lui sont propres :

- convocation de l'assemblée générale des actionnaires,
- réalisation des modifications de capital sur délégation de l'assemblée générale extraordinaire.

II. Fonctionnement du directoire

Il revient aux statuts de déterminer les règles de fonctionnement du directoire, (périodicité des réunions, modalités de convocation, règles de quorum et de majorité).

Cependant, la loi impose au directoire de présenter une fois par trimestre un rapport au conseil de surveillance sur la marche de la société et de lui présenter aux fins de vérification et de contrôle le rapport de gestion, les comptes annuels et, le cas échéant, les comptes consolidés qui seront soumis à l'assemblée générale.

§ 2. Pouvoirs et fonctionnement du directoire

I. Pouvoirs du directoire

Le directoire exerce à la fois les fonctions de direction et de gestion de l'entreprise.

Il est investi des pouvoirs les plus étendus pour agir en toute circonstance au nom de la société, dans la limite de l'objet social et sous réserve de ceux expressément attribués par la loi au conseil de surveillance et aux assemblées d'actionnaires.

Le président du directoire représente la société à l'égard des tiers.

II. Fonctionnement du directoire

Les statuts déterminent les règles de fonctionnement du directoire, (périodicité des réunions, modalités de convocation, règles de quorum et de majorité).

Il doit présenter une fois par trimestre un rapport au conseil de surveillance sur la marche de la société et lui présenter aux fins de vérification et de contrôle le rapport de gestion et les comptes annuels qui seront soumis à l'assemblée générale.

§ 3. Le conseil de surveillance

I. Les membres du conseil de surveillance

Les règles relatives au statut des membres du conseil de surveillance sont les mêmes que celles applicables aux membres du conseil d'administration (nomination par l'assemblée générale, personne physique ou morale, actionnaire ou non, représentativité des femmes et intégration de membres représentant les salariés pour les sociétés cotées , même type de rémunération, révocation ad nutum, etc.).

Le seul point de divergence porte sur la possibilité, contrairement aux membres du conseil d'administration, d'obtenir un contrat de travail après sa nomination au conseil de surveillance avec le respect des mêmes conditions (travail effectif et lien de subordination).

II. les missions du conseil de surveillance

Ces missions sont très différentes de celles dévolues au conseil d'administration. Le conseil de surveillance n'a pas pour mission de gérer l'entreprise. Son rôle consiste à exercer un contrôle permanent de la gestion de la société par le directoire.

Pour l'accomplissement de sa mission de surveillance, il opère à toute époque de l'année, les vérifications et les contrôles qu'il juge opportuns. Il peut se faire communiquer tous les documents qu'il estime nécessaires et surveille l'activité du directoire en recevant de lui un rapport trimestriel.

Le conseil de surveillance présente à l'assemblée générale ses observations sur le rapport de gestion du directoire ainsi que sur les comptes de l'exercice. Le conseil de surveillance présente également le rapport sur le gouvernement d'entreprise. Il a par ailleurs d'autres prérogatives :

- il nomme les membres du directoire et fixe leur rémunération,
- il choisit le président du directoire,
- il autorise les conventions réglementées (V. *infra,* sect.7),
- il autorise les opérations suivantes : ventes d'immeubles, cession de participation, constitution de sûretés, cautions, avals et garanties,
- il délibère annuellement sur la politique de la société en matière d'égalité professionnelle entre les femmes et les hommes.

III. le fonctionnement du conseil de surveillance

Le conseil de surveillance élit en son sein un président et un vice-président, (personnes physiques) qui sont chargés de convoquer le conseil et d'en diriger les débats.

Le conseil de surveillance ne délibère valablement que si la moitié au moins de ses membres sont présents. Les décisions sont prises à la majorité des membres présents ou représentés, mais les statuts peuvent prévoir une majorité plus forte.

En cas de partage, la voix du président de séance est prépondérante.

§ 3. Le conseil de surveillance

I. Les membres du conseil de surveillance

Même statut que les membres du conseil d'administration

Le seul point de divergence porte sur la possibilité, d'obtenir un contrat de travail après la nomination au conseil de surveillance.

II. les missions du conseil de surveillance

Exerce un contrôle permanent de la gestion de la société par le directoire.

Opère à toute époque de l'année, les vérifications et les contrôles qu'il juge opportuns.

Peut se faire communiquer tous les documents qu'il estime nécessaires et surveille l'activité du directoire en recevant de lui un rapport trimestriel.

Présente à l'assemblée générale ses observations sur le rapport de gestion du directoire ainsi que sur les comptes de l'exercice.

Autres prérogatives :

- Nomme les membres du directoire et fixe leur rémunération

- Choisit le président du directoire

- Autorise les conventions réglementées (V. *infra,* sect.7)

- Autorise les opérations suivantes : ventes d'immeubles, cession de participation, constitution de sûretés, cautions, avals et garanties.

III. le fonctionnement du conseil de surveillance

Élit en son sein un président et un vice-président, (personnes physiques) chargés de convoquer le conseil et d'en diriger les débats.

- Quorum de moitié
- Décisions prises à la majorité des membres présents ou représentés.
- En cas de partage, la voix du président est prépondérante.

Section 5. La responsabilité des dirigeants de SA

§ 1. La responsabilité civile des dirigeants de SA

I. La responsabilité civile des administrateurs, du directeur général et des membres du directoire

Les administrateurs, le directeur général et les membres du directoire sont responsables individuellement ou solidairement selon le cas, envers la société ou envers les tiers :

- des infractions aux dispositions législatives ou réglementaires applicables aux sociétés anonymes,
- des violations des statuts,
- des fautes commises dans leur gestion.

Si plusieurs dirigeants de la société ont coopéré aux mêmes faits, le tribunal détermine la part contributive de chacun dans la réparation du dommage.

L'action intentée peut l'être soit en réparation du préjudice individuel, soit en réparation du préjudice subi par la société. L'action sociale peut être exercée individuellement par un actionnaire, ou par un groupe d'actionnaires.

Par ailleurs, en cas de redressement ou de liquidation judiciaire, les dirigeants de la SA peuvent être rendus responsables du passif social s'ils ont commis des fautes de gestion.

II. La responsabilité civile des membres du conseil de surveillance

Elle est différente de la responsabilité encourue par les autres dirigeants. En effet, les membres du conseil de surveillance ne sont pas responsables des actes de gestion et de leur résultat.

Ils ne sont responsables que des fautes personnelles commises dans l'exécution de leur mandat. Ils peuvent cependant être déclarés civilement responsables des délits commis par les membres du directoire si, en ayant eu connaissance, ils ne les ont pas révélés à l'assemblée générale.

§ 2. La responsabilité pénale des dirigeants de SA

Les dirigeants encourent une responsabilité pénale personnelle liée à la commission d'infractions. Les infractions spécifiques aux SA sont régies par les articles L.242-1 à L.242-30 du code de commerce.

Section 5. La responsabilité des dirigeants de SA

§ 1. La responsabilité civile des dirigeants de SA

I. La responsabilité civile des administrateurs, du directeur général et des membres du directoire

Ils sont responsables envers la société ou envers les tiers :

- des infractions aux dispositions législatives ou réglementaires applicables aux sociétés anonymes
- des violations des statuts
- des fautes commises dans leur gestion.

⇩

En cas de redressement ou de liquidation judiciaire, les dirigeants de la SA peuvent être rendus responsables du passif social s'ils ont commis des fautes de gestion.

II. La responsabilité civile des membres du conseil de surveillance

Ne sont pas responsables des actes de gestion et de leur résultat.

⇨

Sont responsables que des fautes personnelles commises dans l'exécution de leur mandat et peuvent être déclarés civilement responsables des délits commis par les membres du directoire si, en ayant eu connaissance, ils ne les ont pas révélés à l'assemblée générale.

§ 2. La responsabilité pénale des dirigeants de SA

Responsabilité pénale personnelle liée à la commission d'infractions.

Les infractions spécifiques aux SA sont régies par les articles L.242-1 à L.242-30 du code de commerce.

Section 6. Les actionnaires

§ 1. L'information des actionnaires

I. Le droit de communication permanent

Tout actionnaire a le droit, à toute époque de l'année, d'obtenir la communication, concernant les trois derniers exercices, de documents énumérés à l'article L.225-115 du code de commerce tels que : - les comptes annuels, les comptes consolidés, et la liste des administrateurs ou des membres du directoire et du conseil de surveillance,

- les rapports de gestion des organes sociaux et les rapports des commissaires aux comptes,

- le montant global des rémunérations versées aux personnes les mieux rémunérées,

.

II. Le droit de communication préalable à une assemblée générale

Dans les quinze jours précédant l'assemblée générale, l'actionnaire a accès, avec la possibilité de se faire assister d'un expert, à d'autres informations (articles R 225-88 à R.225-94 du code de commerce) qui viennent se rajouter à celles énumérées ci-dessus, telles que :

- le texte et l'exposé des motifs des projets de résolution présentés à l'assemblée générale,

- si l'ordre du jour comporte la nomination d'un d'administrateur ou de membres du conseil de surveillance, la société est tenue de fournir, des renseignements concernant les candidats,

- la liste des opérations de parrainage et de mécénat réalisées par la société,

- la liste des actionnaires.

À noter que certains de ces documents doivent être joints à l'envoi d'une formule de procuration ou de vote par correspondance et que l'actionnaire peut, s'il le juge opportun, obtenir, sur sa demande, l'envoi de certains documents et renseignements.

III. Le droit de poser des questions écrites

À compter de la communication des documents, l'actionnaire a la possibilité de poser des questions écrites aux dirigeants qui devront répondre au cours de l'assemblée.

Par ailleurs, un ou plusieurs actionnaires représentant au moins 5 % du capital social ou regroupés en association, peuvent deux fois par exercice, poser par écrit des questions au président du conseil d'administration ou au directoire sur tout fait de nature à compromettre la continuité de l'exploitation.

Section 6. Les actionnaires

§ 1. L'information des actionnaires

I. Le droit de communication permanent

- les procès-verbaux et feuilles de présence des assemblées
- les comptes annuels, les comptes consolidés, et la liste des administrateurs ou des membres du directoire et du conseil de surveillance
- les rapports de gestion des organes sociaux et les rapports des commissaires aux comptes
- le montant global des rémunérations versées aux personnes les mieux rémunérées

II. Le droit de Communication préalable à une assemblée générale

Aux documents énumérés ci-dessus viennent se rajouter :

- le texte et l'exposé des motifs des projets de résolution présentés à l'assemblée générale
- si l'ordre du jour comporte la nomination d'un d'administrateur ou de membres du conseil de surveillance, la société est tenue de fournir, des renseignements concernant les candidats
- la liste des opérations de parrainage et de mécénat réalisées par la société
- la liste des actionnaires

III. Le droit de poser des questions écrites

De la convocation jusqu'au quatrième jour ouvré, l'actionnaire a la possibilité de poser des questions écrites relatives à l'ordre du jour aux dirigeants qui devront répondre au cours de l'assemblée.

Un ou plusieurs actionnaires représentant au moins 5 % du capital social ou regroupés en association, peuvent deux fois par exercice, poser par écrit des questions au président du conseil d'administration ou au directoire sur tout fait de nature à compromettre la continuité de l'exploitation.

§ 2. La participation des actionnaires aux assemblées

La participation des actionnaires aux assemblées va leur permettre de débattre et de voter des décisions importantes sur la gestion de la société et d'exercer un contrôle sur celle-ci. La loi distingue les assemblées générales ordinaires, les assemblées générales extraordinaires et les assemblées spéciales, qui réunissent les titulaires d'actions d'une catégorie particulière, dont la société envisage de modifier les droits.

I. La convocation aux assemblées

L'assemblée générale est convoquée par le conseil d'administration ou le directoire, selon le cas.

La convocation envoyée au moins quinze jours avant la tenue de l'assemblée, doit contenir l'ordre du jour et le texte des résolutions. L'ordre du jour est déterminé par le conseil d'administration ou le directoire. Les actionnaires représentant au moins 5 % du capital ou une association d'actionnaires peuvent également requérir l'inscription de points à l'ordre du jour ou de projets de résolution. Toutefois, lorsque le capital de la société est supérieur à 750 000 euros, le montant du capital à représenter est, selon l'importance de ce capital, réduit (Art R.225-71 C.com.).

II. L'exercice du droit de vote aux assemblées

Chaque action donne droit en principe à une voix. Mais il existe des exceptions. Un droit de vote double peut être conféré sous conditions à certaines actions. Il est de droit pour toutes les actions inscrites au nominatif depuis plus de deux ans au nom du même actionnaire dans les sociétés cotées (art L 225-123 c.com). A l'inverse, le droit de vote est supprimé s'agissant des titres particuliers que sont les actions à dividende prioritaire sans droit de vote (voir *infra,* chap. 4)

Tout actionnaire peut voter par correspondance et si les statuts le prévoient, les actionnaires peuvent participer à l'assemblée par visioconférence ou par des moyens de télécommunication fiables permettant leur identification.

Enfin, l'actionnaire peut se faire représenter par un autre actionnaire ou par son conjoint ou par le partenaire avec lequel il a conclu un pacte civil de solidarité.

§ 2. La participation des actionnaires aux assemblées

I. La convocation aux assemblées

L'assemblée générale est convoquée par le conseil d'administration ou le directoire au moins quinze jours avant la tenue de l'assemblée. La convocation envoyée, doit contenir l'ordre du jour et le texte des résolutions.

Les actionnaires représentant au moins 5 % du capital ou une association d'actionnaires peuvent également requérir l'inscription de points à l'ordre du jour ou de projets de résolution.

II. L'exercice du droit de vote aux assemblées

Chaque action donne droit en principe à une voix

Il existe des exceptions :

- Un droit de vote double peut être conféré à certaines actions sous certaines conditions.
- Le droit de vote est supprimé s'agissant des titres particuliers que sont les actions à dividende prioritaire sans droit de vote.

Vote par correspondance possible.
Si les statuts le prévoient, participation par visioconférence ou par des moyens de télécommunication fiables.
L'actionnaire peut se faire représenter par un autre actionnaire ou par son conjoint ou par le partenaire avec lequel il a conclu un pacte civil de solidarité.

III. La compétence de l'assemblée générale ordinaire (AGO)

Elle se réunit au moins une fois par an, dans les six mois de la clôture de l'exercice pour approuver les comptes annuels préalablement établis et présentés par les dirigeants, affecter le résultat et, le cas échéant, décider de la distribution des bénéfices. Les actionnaires sont informés de la situation de la société par la présentation du rapport de gestion du conseil d'administration ou du directoire et du rapport de gouvernement d'entreprise et des rapports des commissaires aux comptes. En cas de défaillance des organes sociaux, le ministère public ou toute personne intéressée peut demander en justice d'enjoindre aux dirigeants de convoquer cette assemblée ou de désigner un mandataire pour y procéder.

L'assemblée générale ordinaire exerce d'autres attributions telles que :

- nomination, révocation des membres du conseil d'administration ou du conseil de surveillance,
- nomination, renouvellement ou non des commissaires aux comptes,
- fixation du montant de la rémunération des administrateurs et approbation, dans les sociétés cotées, des éléments de la rémunération des dirigeants.
- approbation des conventions réglementées,
- approbation de l'acquisition par la société, dans les deux ans de son immatriculation d'un bien appartenant à un actionnaire et dont la valeur est au moins égale à un dixième du capital social,
- autorisations diverses sur des décisions de gestion prévues dans les statuts,
- et généralement elle est habilitée à prendre toutes les décisions ne modifiant pas les statuts.

IV. La compétence de l'assemblée générale extraordinaire (AGE)

L'assemblée générale extraordinaire est seule compétente pour décider de toutes modifications des statuts. Toute clause contraire est réputée non écrite.

Elle doit être réunie dès lors que les statuts doivent être modifiés. Ainsi, toutes modifications portant sur le capital social, sur la dénomination sociale ou encore sur la forme juridique relèvent exclusivement de la compétente de l'assemblée générale extraordinaire.

V. Les règles de quorum et de majorité

L'assemblée générale ordinaire ne délibère valablement sur première convocation que si les actionnaires présents ou représentés possèdent au moins le cinquième des actions ayant le droit de vote. Sur deuxième convocation, aucun quorum n'est requis.

Elle statue à la majorité des voix exprimées dont disposent les actionnaires présents ou représentés.

L'assemblée générale extraordinaire ne délibère valablement que si les actionnaires présents ou représentés possèdent au moins, sur première convocation, le quart et, sur deuxième convocation, le cinquième des actions ayant le droit de vote.

Elle statue à la majorité des deux tiers des voix exprimées par les actionnaires présents ou représentés. À noter que les voix exprimées ne comprennent pas, aussi bien dans les AGO que dans les AGE, celles attachés aux actions pour lesquelles l'actionnaire n'a pas pris part au vote, s'est abstenu ou a voté blanc ou nul.

III. La compétence de l'assemblée générale ordinaire (AGO)

Au moins une fois par an, dans les six mois de la clôture de l'exercice :

- approuve les comptes annuels préalablement établis et présentés par les dirigeants,
- affecte le résultat et, le cas échéant, décide de la distribution des bénéfices.

Autres attributions :

- nomination, révocation des membres du conseil d'administration ou du conseil de surveillance,
- nomination, renouvellement ou non des commissaires aux comptes
- fixation du montant des jetons de présence
- approbation ou non des conventions réglementées
- approbation de l'acquisition par la société, dans les deux ans de son immatriculation d'un bien appartenant à un actionnaire et dont la valeur est au moins égale à un dixième du capital social,
- autorisations diverses sur des décisions de gestion prévues dans les statuts.
- et généralement elle est habilitée à prendre toutes les décisions ne modifiant pas les statuts.

IV. La compétence de l'assemblée générale extraordinaire (AGE)

Décide de toutes modifications des statuts.

V. Les règles de quorum et de majorité

	Quorum	
AGO	1ère convocation : 1/5 des actions ayant le droit de vote	2ème convocation : aucun quorum
AGE	1ère convocation : 1/4 des actions ayant le droit de vote.	2ème convocation : 1/5 des actions ayant le droit de vote

	Majorité
AGO	Majorités des voix exprimées
AGE	2/3 des voix exprimées

§ 3. Le droit de céder ses actions.

I. Le principe de la libre cessibilité

L'action est un titre négociable, transmissible par virement de compte à compte et librement cessible. Cette règle est cohérente dans la mesure où les sociétés anonymes, sociétés de capitaux sont en principe indifférentes à la personnalité des actionnaires.

Cependant, le code de commerce donne aux sociétés non cotées la possibilité de contrôler l'arrivée de nouveaux actionnaires en stipulant dans les statuts des clauses limitant cette libre cessibilité.

II. La clause d'agrément

Elle a pour objet d'obliger l'actionnaire, sous peine de nullité de la cession, à obtenir l'agrément de la société en cas de cession de ses actions à des tiers ou à des actionnaires de la société. Cette clause est écartée en cas de succession, de liquidation du régime matrimonial ou de cession, soit à un conjoint, soit à un ascendant ou à un descendant.

Les statuts précisent l'organe qui est compétent pour accorder l'agrément (AGE ou CA). En cas de refus d'agrément, les dirigeants de la société ont l'obligation, dans un délai de trois mois à compter du refus, de faire acquérir les actions à un prix fixé, à défaut d'accord amiable, par un expert.

III. La clause de preemption

Cette clause réserve aux actionnaires ou à une catégorie d'entre eux la possibilité d'acheter en priorité les actions dont la cession est envisagée. L'offre de cession sera dans ces conditions proposée par l'actionnaire aux autres actionnaires. Cette clause est soumise aux mêmes limites que pour la clause d'agrément.

§ 4. Le droit préférentiel de souscription.

Lors d'une augmentation de capital en numéraire, la loi attribue aux actionnaires de la SA qui procède à cette augmentation, un droit de préférence à la souscription des actions émises proportionnellement au montant des actions qu'ils détiennent déjà dans la société. Ce droit produit un effet anti-dilutif dans la mesure où il permet de maintenir l'équilibre des pouvoirs entre actionnaires.

Toutefois, pour permettre à des investisseurs extérieurs d'entrer dans la société, l'AGE peut voter la suppression totale ou partielle du droit préférentiel de souscription. Par ailleurs, les actionnaires peuvent renoncer individuellement à leur droit au profit de bénéficiaires dénommés (autorisée que pour les sociétés non cotées), ou sans indication du bénéficiaire (obligatoire pour les sociétés cotées).

§ 3. Le droit de céder ses actions.

I. Le principe de la libre cessibilité

L'action est un titre négociable, librement cessible.

Cependant les sociétés non cotées ont la possibilité de contrôler l'arrivée de nouveaux actionnaires en stipulant dans les statuts des clauses limitant cette libre cessibilité.

II. La clause d'agrément

Elle a pour objet d'obliger l'actionnaire, sous peine de nullité de la cession, à obtenir l'agrément de la société en cas de cession de ses actions à des tiers ou à des actionnaires de la société.

III. La clause de préemption

Cette clause réserve aux actionnaires ou à une catégorie d'entre eux la possibilité d'acheter en priorité les actions dont la cession est envisagée.

Ces clauses sont écartées en cas de succession, de liquidation du régime matrimonial ou de cession, soit à un conjoint, soit à un ascendant ou à un descendant.

§ 4. Le droit préférentiel de souscription.

Lors d'une augmentation de capital en numéraire, la loi attribue aux actionnaires de la SA qui procède à cette augmentation, un droit de préférence à la souscription des actions émises proportionnellement au montant des actions qu'ils détiennent déjà dans la société.

L'AGE peut voter la suppression totale ou partielle du droit préférentiel de souscription.

Les actionnaires peuvent renoncer individuellement à leur droit

Section 7. Le contrôle des conventions passées entre la SA et ses dirigeants ou actionnaires

Parce qu'ils peuvent faire naitre un conflit d'intérêt, la société anonyme, comme pour les autres sociétés, n'échappe pas au contrôle, voire à l'interdiction de certains contrats passés entre elle et ses dirigeants ou actionnaires.

§ 1. Les conventions réglementées (art. L. 225-38 C.com et art. L.225-86 C.com.)

I. Les personnes visées

Sont visées par la loi, les conventions passées entre la SA et :

- son directeur général ou un de ses directeurs généraux délégués,
- l'un de ses membres du directoire ou du conseil de surveillance,
- l'un de ses administrateurs,
- l'un de ses actionnaires disposant d'une fraction des droits de vote supérieure à 10 % ou, s'il s'agit d'une société actionnaire, la société la contrôlant,
- une entreprise, si le directeur général, l'un des directeurs généraux délégués, l'un des administrateurs ou l'un des membres du directoire ou du conseil de surveillance de la société est propriétaire, associé indéfiniment responsable, gérant, administrateur, membre du conseil de surveillance ou, de façon générale, dirigeant de cette entreprise.

Les personnes visées ci-dessus sont également soumises à cette réglementation, même si elles n'ont qu'un intérêt indirect à la convention (par exemple, l'achat d'un bien à l'épouse du directeur général) ou si la convention est passée par personne interposée.

II. La procédure de contrôle

Ces conventions sont soumises à une procédure de contrôle qui est la suivante :

- autorisation préalable du CA ou du CS à la conclusion par un vote auquel l'intéressé ne peut prendre part (s'il est administrateur ou membre du conseil de surveillance). Depuis l'ordonnance du 31 juillet 2014, le CA ou le CS doit motiver son autorisation qui doit être conforme à l'intérêt social. Les conditions financières de la convention doivent être précisées,
- présentation à l'assemblée générale annuelle par les commissaires aux comptes de ces conventions dans un rapport spécial,
- approbation par l'assemblée générale, l'intéressé ne peut pas prendre part au vote et ses actions ne sont pas prises en compte pour le calcul du quorum et de la majorité.

Ces conventions qu'elles soient approuvées ou non par l'assemblée générale produisent leurs effets à l'égard des tiers. Toutefois, les conséquences préjudiciables à la société des conventions désapprouvées peuvent être mises à la charge de l'intéressé. Les conventions conclues sans autorisation préalable du conseil d'administration peuvent cependant être annulées si elles ont eu des conséquences dommageables pour la société. Enfin, dans les sociétés cotées, les conventions réglementées doivent être publiées sur le site internet de l'entreprise au plus tard au moment de leur conclusion.

Section 7. Le contrôle des conventions passées entre la SA et ses dirigeants ou actionnaires.

§ 1. Les conventions réglementées (art. L. 225-38 C.com et art. L.225-86 C.com.)

I. Les personnes visées

Conventions passées entre la SA et :

- son directeur général ou un de ses directeurs généraux délégués,
- l'un de ses membres du directoire ou du conseil de surveillance
- l'un de ses administrateurs
- l'un de ses actionnaires disposant d'une fraction des droits de vote supérieure à 10 % ou, s'il s'agit d'une société actionnaire, la société la contrôlant
- une entreprise, si le directeur général, l'un des directeurs généraux délégués, l'un des administrateurs ou l'un des membres du directoire ou du conseil de surveillance de la société est propriétaire, associé indéfiniment responsable, gérant, administrateur, membre du conseil de surveillance ou, de façon générale, dirigeant de cette entreprise.

Les personnes visées ci-dessus sont également soumises à cette réglementation, même si elles n'ont qu'un intérêt indirect à la convention ou si la convention est passée par personne interposée.

II. La procédure de contrôle

Procédure	Sanctions
- Autorisation préalable du CA ou du CS - Présentation à l'assemblée générale annuelle par les commissaires aux comptes de ces conventions dans un rapport spécial - Approbation par l'AG - les conventions conclues et autorisées au cours d'exercices antérieurs sont examinées chaque année par le CA ou le CS.	Les conventions non approuvées produisent leurs effets à l'égard des tiers. Mais Les conséquences préjudiciables à la société, peuvent être mises à la charge de l'intéressé. Les conventions conclues sans autorisation préalable du conseil d'administration peuvent être annulées si elles ont eu des conséquences dommageables pour la société.

§ 2. Les conventions libres (art. L. 225-39 C.com. et art. 225- 87 C.com.)

La procédure de contrôle vu ci-dessus, n'est toutefois pas applicable :

- aux conventions portant sur des opérations courantes (qui rentrent dans l'activité de la société) et conclues à des conditions normales (au prix du marché),
- aux conventions conclues entre deux sociétés dont l'une détient directement ou indirectement la totalité du capital de l'autre au moment de la conclusion de la convention.

Dans les sociétés cotées, ces conventions libres sont soumises à une procédure d'évaluation mise en place par le conseil d'administration ou le conseil de surveillance afin de vérifier que les conditions requises par la loi (opération courante conclue à des conditions normales) sont bien remplies.

§ 3. Les conventions interdites (art. L. 225-43 C.com. et art. 225- 91 C.com.)

Il s'agit des prêts, cautions, découverts et avals consentis par la SA à ses dirigeants, à l'exception des personnes morales administrateurs ou membres du conseil de surveillance. Ces conventions sont sanctionnées par la nullité absolue.

§ 2. Les conventions libres (art. L. 225-39 C.com. et art. 225- 87 C.com.)

Types de conventions

→ Opérations courantes et conclues à des conditions normales

→ Conventions conclues entre deux sociétés dont l'une détient directement ou indirectement la totalité du capital de l'autre au moment de la conclusion de la convention

§ 3. Les conventions interdites

Types de conventions		Sanctions
Prêts, cautions, découverts et avals consentis par la SA à ses dirigeants, à l'exception des personnes morales administrateurs ou membres du conseil de surveillance	→	Ces conventions sont sanctionnées par la nullité absolue.

Section 8. Les causes de dissolution propres à la société anonyme

En dehors des causes communes à toutes les sociétés (V. *supra*, partie 1, titre 5), la société anonyme peut être dissoute dans les cas suivants :

- Pour les sociétés cotées en bourse, si le nombre des actionnaires est réduit à moins de sept depuis plus d'un an, Le tribunal de commerce peut, à la demande de tout intéressé, prononcer la dissolution de la société,

- si, du fait de pertes constatées, les capitaux propres de la société deviennent inférieurs à la moitié du capital social. Dans cette situation, le conseil d'administration ou le directoire, selon le cas, est tenu dans les quatre mois qui suivent l'approbation des comptes ayant fait apparaître cette perte, de convoquer l'assemblée générale extraordinaire pour décider s'il y a lieu à dissolution anticipée de la société,

- si le capital social est réduit à un montant inférieur au minimum légal et qu'aucune régularisation n'est intervenue (augmentation du capital ou transformation en une autre forme juridique) le jour où le tribunal statue sur la demande de dissolution.

Section 8. Les causes de dissolution propres à la société anonyme

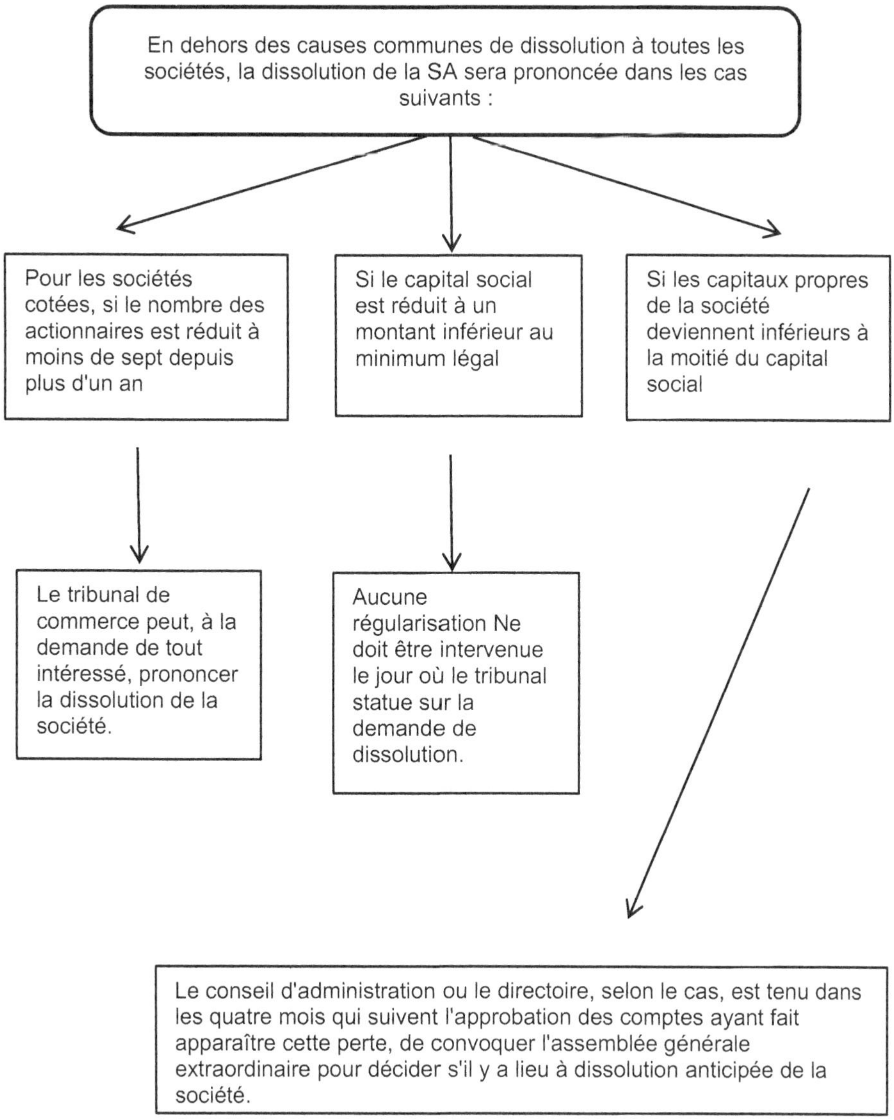

Chapitre 2. La société par actions simplifiée

La SAS ou la société par actions simplifiée a été conçue à l'origine par une loi du 3 janvier 1994 comme un instrument de coopération inter-entreprises. Elle ne pouvait être constituée qu'entre des personnes morales ayant un capital au moins égal à 225 000 euros.

Mais cette structure a rapidement évolué. La loi du 12 juillet 1999 a ouvert la SAS aux personnes physiques et a créé la société par actions simplifiée unipersonnelle (la SASU). Par ailleurs, la loi du 4 août 2008 a poursuivi l'accessibilité à cette forme juridique de société en supprimant l'exigence d'un capital minimum et l'obligation, sauf dans certain cas, de recourir à un commissaire aux comptes.

La SAS se distingue par sa grande souplesse et un fort *intuitu personae*. En effet, hormis quelques règles impératives, issues des règles applicables à la société anonyme, auxquelles la loi renvoie, le régime de la SAS laisse aux associés la plus grande liberté pour organiser les pouvoirs et le fonctionnement interne de la société.

La SAS est régie par les articles L.227-1 à L.227-20 du code de commerce.

Section 1. La constitution et le fonctionnement de la SAS

§ 1. Constitution de la SAS

I. Les associés

La SAS peut être constituée d'un ou plusieurs associés, personnes physiques ou morales. Lorsqu'elle ne comprend qu'un seul associé, il s'agit alors d'une SASU, société par actions simplifiée unipersonnelle. Les associés ne répondent des dettes de la société qu'à concurrence du montant de leurs apports.

II. Les apports

Les apports réalisés par les associés donnent lieu, en contrepartie, à l'attribution d'actions.

Les associés peuvent effectuer des apports en numéraire. La moitié au moins du montant de ces apports doit être libérée à la constitution, le reste dans les 5 ans.

Les apports en nature font l'objet d'une évaluation par un commissaire aux apports. Comme pour les SARL, le recours à un commissaire aux apports ne sera toutefois pas obligatoire si aucun apport en nature n'excède 30 000 € et si la valeur totale de l'ensemble des apports en n'excède pas la moitié du capital social. Dans cette hypothèse, la décision de ne pas recourir à un commissaire aux apports doit être prise à l'unanimité des associés et les associés seront solidairement responsables pendant cinq ans, à l'égard des tiers, de la valeur qu'ils ont attribuée aux apports en nature lors de la constitution de la société. La même règle s'appliquera lorsque la valeur retenue sera différente de celle proposée par le commissaire aux apports.

Enfin, contrairement à la SA, les apports en industrie sont autorisés. Ils ne concourent pas à la formation du capital social et compte tenu de leur nature, ils donneront lieu en échange à des actions inaliénables.

III. Le capital social

À la différence de la SA, le montant du capital social est libre. Par ailleurs, la société par actions ne peut pas faire appel public à l'épargne, ni être cotée sur un marché réglementé.

Chapitre 2. La société par actions simplifiée

Conçue à l'origine par une loi du 3 janvier 1994 comme un instrument de coopération inter-entreprises

Cette structure a rapidement évolué : ouverture aux personnes physiques ; pas de capital minimum exigé et possibilité d'avoir qu'un seul associé (SASU)

La SAS se distingue par sa grande souplesse et un fort *intuitu personae.*

Elle est régie par les articles L.227-1 à L.227-20 du code de commerce.

Section 1. La constitution et le fonctionnement de la SAS

§ 1. Constitution de la SAS

I. Les associés

Un ou plusieurs associés, personnes physiques ou morales. La loi ne fixe pas de nombre maximum.

Les associés ne répondent des dettes de la société qu'à concurrence du montant de leurs apports.

II. Les apports

Les apports réalisés par les associés donnent lieu, en contrepartie, à l'attribution d'actions.

La moitié au moins du montant des apports en numéraire doit être libérée à la constitution, le reste dans les 5 ans.

Sous certaines conditions, le recours à un commissaire aux apports n'est pas obligatoire

Les apports en industrie sont autorisés. Ils ne concourent pas à la formation du capital social et donneront lieu en échange à des 'actions inaliénables.

III. Le capital social

Le montant du capital social est libre.
Elle ne peut pas faire appel public à l'épargne, ni être cotée sur un marché réglementé.

§ 2. Direction de la SAS

I. Choix du mode de gouvernance

Ce sont les statuts qui fixent les conditions dans lesquelles la société est dirigée. Aussi, libre à la SAS d'adopter ou non le mode de gouvernance de la SA (avec conseil d'administration ou avec conseil de surveillance) dont le fonctionnement peut être également librement déterminé.

La seule exigence légale est d'avoir un président à la direction de la société.

II. Le président de la SAS

La société doit est représentée à l'égard des tiers par un président dont les fonctions peuvent être confiées à une personne physique ou à une personne morale. Il peut être choisi parmi les associés ou en dehors d'eux.

Les conditions de sa nomination et de sa révocation sont librement fixées par les statuts. Aussi, il est tout à fait possible de s'écarter des modes classiques de nomination ou de révocation par décision collective et de prévoir, par exemple, que ces prérogatives sont confiées à un associé ou à un groupe d'associés, voire à un tiers non associé. Il peut être convenu qu'il aura droit à une indemnité de rupture. La durée du mandat est également librement déterminée.

Le président peut valablement cumuler son mandat avec un contrat de travail. Il bénéficie du même statut fiscal et social, que le président de la SA

Le président est investi des pouvoirs les plus étendus pour agir en toute circonstance au nom de la société dans la limite de l'objet social.

Dans les rapports avec les tiers, les dispositions statutaires limitant les pouvoirs du président sont inopposables aux tiers. La société est engagée même par les actes du président qui ne relèvent pas de l'objet social, à moins de prouver la mauvaise foi du tiers.

La responsabilité du président et le cas échéant des autres dirigeants répondent, comme dans la SA, des fautes qu'ils peuvent commettre dans leur gestion, tant sur le plan civil que sur le plan pénal.

§ 2. Direction de la SAS

I. Choix du mode de gouvernance

Ce sont les statuts qui fixent les conditions dans lesquelles la société est dirigée.

La seule exigence légale est d'avoir un président à la direction de la société.

II. Le président de la SAS

La société doit est représentée à l'égard des tiers par un président.

Personne physique ou morale.

Associé ou non.

Les conditions de sa nomination et de sa révocation sont librement fixées par les statuts.

La durée du mandat est également librement déterminée.

Il peut cumuler son mandat avec un contrat de travail.

Il bénéficie du même statut fiscal et social, que le président de la SA.

Le président est investi des pouvoirs les plus étendus pour agir en toute circonstance au nom de la société dans la limite de l'objet social.

Dans les rapports avec les tiers, Les dispositions statutaires limitant les pouvoirs du président sont inopposables aux tiers.

La société est engagée même par les actes du président qui ne relèvent pas de l'objet social, à moins de prouver la mauvaise foi du tiers.

La responsabilité du président et le cas échéant des autres dirigeants répondent des fautes qu'ils peuvent commettre dans leur gestion, tant sur le plan civil que sur le plan pénal.

§ 3. Le contrôle de la SAS

I. Le contrôle par le commissariat aux comptes

L'obligation de nommer par décision collectives un ou plusieurs commissaires aux comptes est obligatoire dans les cas suivants :

- Si la SAS dépasse, à la clôture d'un exercice social, deux des seuils suivants : 4 000 000 € au total du bilan, 8 000 000 € hors taxe du chiffre d'affaires, cinquante salariés permanents employés au cours de l'exercice.

- Si un ou plusieurs associés représentant au moins le tiers du capital en font la demande motivée auprès de la société.

Par ailleurs, la nomination d'un commissaire aux comptes peut être demandée en justice par un ou plusieurs associés représentant au moins le dixième du capital.

II. Le contrôle sur les conventions passées entre la SAS et ses dirigeants ou associés

La loi prévoit un contrôle sur les conventions passées directement ou par personne interposée entre la SAS et :

- son président ou l'un de ses dirigeants,

- un de ses actionnaires disposant d'une fraction des droits de vote supérieure à 10 % ou, s'il s'agit d'une société actionnaire, la société la contrôlant.

Un rapport sur ces conventions doit être présenté, pour être approuvé, aux associés par le commissaire aux comptes ou, s'il n'en a pas été désigné par le président.

Si les conventions n'ont pas été approuvées par les associées, elles produisent néanmoins leurs effets, à charge pour la personne intéressée et éventuellement pour le président et les autres dirigeants d'en supporter les conséquences dommageables pour la société.

Comme dans la SA, la procédure de contrôle ne s'applique pas aux conventions portant sur les opérations courantes et conclues à des conditions normales. Enfin, le régime des conventions interdites dans la SA (emprunt, caution etc.) s'applique également au président et aux dirigeants de la SAS.

§ 3. Le contrôle de la SAS

I. Le contrôle par le commissariat aux comptes

Le commissaire aux comptes est obligatoire dans les cas suivants :

Si la SAS dépasse, à la clôture d'un exercice social, deux des seuils suivants :
- 4 000 000 € au total du bilan,
- 8 000 000 € hors taxe du chiffre d'affaires,
- cinquante salariés permanents employés au cours de l'exercice.

Si un ou plusieurs associés représentant au moins le tiers du capital en font la demande motivée auprès de la société.

La nomination d'un commissaire aux comptes peut être demandée en justice par un ou plusieurs associés représentant au moins le dixième du capital.

II. Le contrôle sur les conventions passées entre la SAS et ses dirigeants ou associés

Conventions passées directement ou par personne interposée entre la SAS et

- son président ou l'un de ses dirigeants

- un de ses actionnaires disposant d'une fraction des droits de vote supérieure à 10 % ou, s'il s'agit d'une société actionnaire, la société la contrôlant

Un rapport sur ces conventions doit être présenté, pour être approuvé, aux associés par le commissaire aux comptes ou, s'il n'en a pas été désigné par le président.

La procédure de contrôle ne s'applique pas aux conventions portant sur les opérations courantes et conclues à des conditions normales.

Le régime des conventions interdites dans la SA (emprunt, caution etc.) s'applique également au président et aux dirigeants de la SAS.

Si les conventions n'ont pas été approuvées par les associées, elles produisent néanmoins leurs effets, à charge pour la personne intéressée et éventuellement pour le président et les autres dirigeants d'en supporter les conséquences dommageables pour la société.

§ 4. Les décisions collectives

Les statuts déterminent les décisions qui doivent être prises collectivement par les associés dans les formes et conditions qu'ils prévoient.

Toutefois, la loi impose deux types de restrictions :

- le recours aux décisions prises collectivement par les associés est obligatoire en matière de comptes annuels et de bénéfices, de nomination de commissaires aux comptes, d'augmentation, d'amortissement ou de réduction de capital, de fusion, de scission, de dissolution et de transformation en une société d'une autre forme.

- l'unanimité est exigée pour l'adoption ou la modification des clauses statuaires d'agrément, d'inaliénabilité, d'exclusion ou de changement de contrôle (V. *infra*. §.5)

En dehors de ces restrictions, les conditions quant aux modes de consultation sont librement déterminées par les statuts (assemblées générales, vote par correspondance ou par visio-conférence etc.)

Les règles de majorité de quorum et l'exercice du droit de vote peuvent également être aménagés en toute liberté dans les statuts. Le nombre de voix n'est pas obligatoirement proportionnel au capital détenu par les associés. Il peut être prévu par exemple d'accorder plus de voix que d'actions détenues par un associé ou l'inverse ; de reconnaitre à certains associés un droit de véto ; de priver un ou plusieurs associés du droit de vote pour certaines résolutions déterminées, ou pour un temps limité.

§ 4. Les décisions collectives

Les statuts déterminent les décisions qui doivent être prises collectivement par les associés dans les formes et conditions qu'ils prévoient.

↓

Toutefois, la loi impose deux types de restrictions :

↙ ↘

Le recours aux décisions prises collectivement par les associés est obligatoire en matière :
- de comptes annuels et de bénéfices,
- de nomination de commissaires aux comptes,
- d'augmentation, d'amortissement ou de réduction de capital,
- de fusion, de scission, de dissolution et de transformation en une société d'une autre forme.

L'unanimité est exigée pour l'adoption ou la modification des clauses statuaires d'agrément, d'inaliénabilité, d'exclusion ou de changement de contrôle (V. infra. §.5).

En dehors de ces restrictions, les conditions quant aux modes de consultation, quant aux règles de majorité, de quorum et d'exercice du droit de vote sont librement déterminées par les statuts.

↓

Le nombre de voix n'est pas obligatoirement proportionnel au capital détenu par les associés. Il peut être prévu, par exemple :
- d'accorder plus de voix que d'actions détenues par un associé ou l'inverse ;
- de reconnaitre à certains associés un droit de véto ;
- de priver un ou plusieurs associés du droit de vote pour certaines résolutions déterminées, ou pour un temps limité.

§ 5. Cessibilité des actions et contrôle de l'actionnariat

Comme dans la société anonyme, les actions sont négociables .Mais, et c'est là une des particularités de la SAS, le législateur offre la possibilité d'inclure dans les statuts des clauses permettant de contrôler son actionnariat.

I. Les clauses d'inaliénabilité

L'inaliénabilité des titres va permettre de stabiliser le capital et d'empêcher des changements de majorité. La clause d'inaliénabilité ne peut excéder dix ans. En dehors de cette obligation, elle peut s'aménager de différentes façons : imposée à tous les actionnaires ou à certains d'entre eux ou à certains titres par exemple.

II. Les clauses d'exclusion

Les statuts peuvent prévoir qu'un associé peut être tenu de céder ses actions sous certaines conditions qu'ils déterminent. La clause peut envisager la suspension des droits non pécuniaires de cet associé tant que celui-ci n'a pas procédé à cette cession.

III. La clause de changement de contrôle

En cas de changement de contrôle d'une société associée, les statuts peuvent prévoir l'obligation d'en informer la SAS. Celle-ci peut décider, dans les conditions fixées par les statuts, de suspendre l'exercice des droits non pécuniaires de cette société et de l'exclure.

IV. Les clauses d'agrément

Cette clause a pour objet de soumettre toute cession d'actions à l'agrément préalable de la société. Cette clause peut recevoir divers aménagements en s'appliquant par exemple qu'à certains associés.

V. Le régime des clauses

À l'exception de la clause d'agrément et de la clause d'exclusion qui peuvent être adoptés ou modifiées par une décision collective des associés aux conditions prévues par les statuts, les autres clauses ne peuvent être adoptées ou modifiées qu'à l'unanimité des associés.

Par ailleurs toute cession réalisée en violation d'une clause d'agrément ou d'inaliénabilité est sanctionnée par la nullité de la cession

Enfin, lorsque les statuts ne précisent pas les modalités du prix de cession des actions, ce prix est fixé par accord entre les parties ou, à défaut, en ayant recours à un expert. En cas de rachat des actions par la société, celle-ci est tenue de les céder dans un délai de six mois ou de les annuler.

§ 5. Cessibilité des actions et contrôle de l'actionnariat

I. Les clauses d'inaliénabilité

La clause d'inaliénabilité ne peut excéder dix ans.
Elle peut s'aménager de différentes façons : imposée à tous les actionnaires ou à certains d'entre eux ou à certains titres par exemple.

II. Les clauses d'exclusion

Les statuts peuvent prévoir qu'un associé peut être tenu de céder ses actions sous certaines conditions qu'ils déterminent. La clause peut prévoir la suspension des droits non pécuniaires de cet associé tant que celui-ci n'a pas procédé à cette cession.

III. La clause de changement de contrôle

En cas de changement de contrôle d'une société associée, les statuts peuvent prévoir l'obligation d'en informer la SAS. Celle-ci peut décider, dans les conditions fixées par les statuts, de suspendre l'exercice des droits non pécuniaires de cette société et de l'exclure.

IV. Les clauses d'agrément

Cette clause a pour objet de soumettre toute cession d'actions à l'agrément préalable de la société. Cette clause peut recevoir divers aménagements en s'appliquant par exemple qu'à certains associés.

V. Le régime des clauses

À l'exception de la clause d'agrément et de la clause d'exclusion qui peuvent être adoptées ou modifiées par une décision collective des associés aux conditions prévues par les statuts, les autres clauses ne peuvent être adoptées ou modifiées qu'à l'unanimité des associés.

Toute cession réalisée en violation d'une clause d'agrément ou d'inaliénabilité est sanctionnée par la nullité de la cession.

Lorsque les statuts ne précisent pas les modalités du prix de cession des actions, ce prix est fixé par accord entre les parties ou, à défaut, en ayant recours à un expert. En cas de rachat des actions par la société, celle-ci est tenue de les céder dans un délai de six mois ou de les annuler.

Section 2. La SAS unipersonnelle (SASU)

Les règles relatives à la SASU sont celles de la SAS pluripersonnelle avec les aménagements qui s'imposent liés à l'existence d'un associé unique. Seules ces règles spécifiques seront exposées ci-dessous.

§ 1. Constitution

L'associé unique peut être une personne physique ou morale. Cette dernière peut être une SASU.

Par ailleurs, la constitution de la SAS par un associé unique, personne physique, qui assume personnellement la présidence est simplifiée ; les formalités de publicité sont allégées.

§ 2. Fonctionnement

Le président de la SASU peut être l'associé unique ou ses fonctions peuvent être confiées à un tiers.

L'associé unique exerce les pouvoirs dévolus aux associés. Les décisions lui reviennent (approbation des comptes, affectation des résultats, modification statutaires). Il ne peut déléguer ses pouvoirs. Ces décisions sont répertoriées dans un registre.

Les conventions réglementées intervenues directement ou par personnes interposées entre la société et son dirigeant font simplement l'objet d'une mention au registre des décisions des conventions et le commissaire aux comptes n'a pas à établir de rapport spécial sur ces conventions.

Section 2. La SAS unipersonnelle (SASU)

Les règles relatives à la SASU sont celles de la SAS pluripersonnelle avec les aménagements qui s'imposent liés à l'existence d'un associé unique. Seules ces règles spécifiques seront exposées ci-dessous.

§ 1. Constitution

L'associé unique peut être une personne physique ou morale. Cette dernière peut être une SASU.

La constitution de la SAS par un associé unique, personne physique, qui assume personnellement la présidence est simplifié ; les formalités de publicité sont allégées.

§ 2. Fonctionnement

Le président de la SASU peut être l'associé unique ou ses fonctions peuvent être confiées à un tiers.

L'associé unique exerce les pouvoirs dévolus aux associés. Les décisions lui reviennent.
Il ne peut déléguer ses pouvoirs.
Ces décisions sont répertoriées dans un registre.

Les conventions réglementées intervenues directement ou par personnes interposées entre la société et son dirigeant font simplement l'objet d'une mention au registre des décisions des conventions et le commissaire aux comptes n'a pas à établir de rapport spécial sur ces conventions.

Chapitre 3. La société en commandite par actions

Section 1. Présentation et conditions de constitution de la SCA

§ 1. Présentation de la SCA

Il existe deux formes juridiques de sociétés en commandite : la société en commandite simple (SCS) qui sera étudiée dans le cadre des sociétés de personnes (V. *infra*, titre 3, chap.2) et la société en commandite par actions (SCA)

L'originalité des sociétés en commandite tient à l'existence de deux catégories d'associés :

- les associés commandités qui assument la gestion de la société et dont le statut est assimilable à celui des associés des SNC. Ce sont des commerçants, responsables indéfiniment et solidairement sur leurs biens propres ;

- les associés commanditaires qui ne supportent les pertes qu'à concurrence de leur apport. Ils ne doivent pas s'immiscer dans la gestion de la société. Ce sont de simples apporteurs de capitaux qui aspirent uniquement à la réalisation d'un profit.

Cette dualité d'associés explique l'emprunt simultané du régime juridique de la SCA aux règles de la SNC et de la SA.

Comme dans les SA, les SCA émettent des valeurs mobilières qui peuvent être négociées sur les marchés boursiers.

Bien que très minoritaires en nombre, la SCA n'en est pas moins une forme juridique choisie par de grandes entreprises telles que Michelin, Hermès International ou encore, Euro Disney SCA.

La SCA est régie par les articles L.226-1 à L.226-14 du code de commerce

Chapitre 3. La société en commandite par actions

Section 1. Présentation et conditions de constitution de la SCA

§ 1. Présentation de la SCA

Il existe deux formes juridiques de sociétés en commandite :

- La société en commandite simple (SCS)
- La société en commandite par actions (SCA)

Deux catégories d'associés :

Les associés commandités

Assument la gestion de la société et dont le statut est assimilable à celui des associés des SNC.

Commerçants, responsables indéfiniment et solidairement sur leurs biens propres.

Les associés commanditaires

Supportent les pertes qu'à concurrence de leur apport.

Ne doivent pas s'immiscer dans la gestion de la société.
Ce sont de simples apporteurs de capitaux qui aspirent uniquement à la réalisation d'un profit.

Cette dualité explique l'emprunt simultané du régime juridique de la SCA aux règles de la SNC et de la SA.

Choisie par de grandes entreprises telles que Michelin, Hermès International ou encore, Euro Disney SCA.

La SCA est régie par les articles L.226-1 à L.226-14 du code de commerce.

§ 2. Conditions de constitution

I. Les associés

Ils sont au nombre minimum de quatre répartis dans deux groupes d'associés :

- un ou plusieurs associés commandités, personne physique ou morale dont le statut est celui des associés en nom collectif, indéfiniment et solidairement responsables des dettes de la société. Ils sont désignés dans les statuts et ils doivent avoir la capacité commerciale. Ils sont titulaires de parts sociales et ne peuvent les négocier.
- trois associés commanditaires au moins, actionnaires, personnes physiques ou morales, responsables seulement dans la limite de leur apport.

II. Le capital social

Son montant est de 37 000 € au minimum. Il est composé uniquement des actions des commanditaires. Les parts des commandités non commanditaires ne concourent pas à la formation du capital. Les apports peuvent être effectués en nature ou en espèce. L'apport en industrie est possible mais uniquement pour les commandités.

III. Le commissariat aux comptes

Comme pour la société anonyme, les sociétés en commandite par actions sont soumises obligatoirement au contrôle d'un ou plusieurs commissaires aux comptes lorsqu'elles dépassent dépasse deux des seuils suivants : 4 000 000 € au total du bilan, 8 000 000 € hors taxe du chiffre d'affaires, cinquante salariés permanents employés au cours de l'exercice.

De même, le commissariat aux comptes sera obligatoire si un ou plusieurs associés représentant au moins le tiers du capital en font la demande motivée auprès de la société.

Par ailleurs, la nomination d'un commissaire aux comptes peut être demandée en justice par un ou plusieurs associés représentant au moins le dixième du capital.

§ 2. Conditions de constitution

I. Les associés

⟹ Un ou plusieurs associés commandités, personne physique ou morale dont le statut est celui des associés en nom collectif, indéfiniment et solidairement responsables des dettes de la société.
Ils sont désignés dans les statuts et ils doivent avoir la capacité commerciale.
Ils sont titulaires de parts sociales et ne peuvent les négocier.

⟹ Trois associés commanditaires au moins, actionnaires, personnes physiques ou morales, responsables seulement dans la limite de leur apport.

II. Le capital social

⟹ Son montant est de 37 000 € au minimum.
Il est composé uniquement des actions des commanditaires.
Les parts des commandités non commanditaires ne concourent pas à la formation du capital.
Les apports peuvent être effectués en nature ou en espèce.
L'apport en industrie est possible mais uniquement pour les commandités.

III. Le commissariat aux comptes

⟹ Comme pour la société anonyme, les sociétés en commandite par actions sont soumises, dans les conditions prévues par la réglementation, au contrôle obligatoire d'un ou plusieurs commissaires aux comptes

Section 2. Fonctionnement de la SCA

En confiant la gestion à des commandités, la SCA permet de s'ouvrir à des capitaux extérieurs tout en conservant le contrôle de la société.

§ 1. La gérance

La SCA est administrée par un ou plusieurs gérants choisis parmi les associés commandités ou des tiers extérieurs à la société (plus exceptionnel). Une personne morale peut être gérante.

Les premiers gérants sont désignés dans les statuts. Au cours de la vie sociale ils sont désignés, sauf clause contraire des statuts, par l'assemblée générale ordinaire avec l'accord de tous les associés commandités.

Les statuts déterminent les conditions de leur révocation, à défaut elle sera prononcée par le tribunal.

Le gérant de la SCA a les mêmes pouvoirs que le directeur général de la SA et il a les mêmes obligations que le conseil d'administration d'une société anonyme. . Sa responsabilité tant civile que pénale est identique à celle des administrateurs de la SA.

§ 2. Le conseil de surveillance

Le contrôle de la gestion de la SCA est assuré par un conseil de surveillance comprenant au moins trois actionnaires, obligatoirement commanditaires.

Ils sont nommés par l'assemblée générale ordinaire. Les actionnaires ayant la qualité de commandité ne peuvent participer à la désignation des membres de ce conseil.

Le conseil de surveillance assume le contrôle permanent de la gestion de la société et dispose pour l'exercice de sa mission des mêmes pouvoirs que les commissaires aux comptes. Il peut convoquer l'assemblée générale des actionnaires.

Il fait à l'assemblée générale ordinaire annuelle un rapport dans lequel il signale, notamment, les irrégularités et inexactitudes relevées dans les comptes annuels et il établit un rapport sur le gouvernement d'entreprise qui est joint au rapport de gestion

Enfin, il délibère annuellement sur la politique de la société en matière d'égalité professionnelle et salariale

Les membres du conseil de surveillance n'encourent aucune responsabilité, en raison des actes de la gestion et de leur résultat, mais ils peuvent être déclarés civilement responsables des délits commis par les gérants si, en ayant eu connaissance, ils ne les ont pas révélés à l'assemblée générale. Ils sont responsables des fautes personnelles commises dans l'exécution de leur mandat

Section 2. Fonctionnement de la SCA

§ 1. La gérance

Choisis parmi les associés commandités ou des tiers extérieurs à la société

Les premiers gérants sont désignés dans les statuts.
Au cours de la vie sociale ils sont désignés, sauf clause contraire des statuts, par l'assemblée générale ordinaire avec l'accord de tous les associés commandités

La SCA est administrée par un ou plusieurs gérants.

Les statuts déterminent les conditions de leur révocation.

Le gérant de la SCA a les mêmes pouvoirs que le directeur général de la SA et il a les mêmes obligations que le conseil d'administration d'une SA. Sa responsabilité tant civile que pénale est identique à celle des administrateurs de la SA.

§ 2. Le conseil de surveillance

Il comprend au moins trois actionnaires, obligatoirement commanditaires, nommés par l'assemblée générale ordinaire

Il dispose pour l'exercice de sa mission des mêmes pouvoirs que les commissaires aux comptes.

Le contrôle permanent de la gestion de la SCA est assuré par un conseil de surveillance

Les membres du conseil de surveillance n'encourent aucune responsabilité, en raison des actes de la gestion et de leur résultat,

Ils peuvent cependant être déclarés civilement responsables des délits commis par les gérants si, en ayant eu connaissance, ils ne les ont pas révélés à l'assemblée générale. Ils sont responsables des fautes personnelles commises dans l'exécution de leur mandat

§ 3. Les décisions collectives

Les décisions collectives doivent être adoptées par deux assemblées distinctes :

- l'assemblée des commandités qui obéit aux règles des SNC (V. *infra,* titre 3, chap.1, sect.7) ; sauf clauses contraires, ils statueront à l'unanimité et sont consultés soit en assemblée, soit par correspondance si les statuts le permettent

- l'assemblée des commanditaires qui répond aux règles des assemblées dans la SA.

§ 4. Le régime des conventions

Les règles et la procédure de contrôle applicables aux conventions réglementées, libres et interdites sont celles de la SA (V. *supra*, titre 2, chap.1, sect.7)

Les conventions réglementées devront être autorisées, en l'occurrence, par le conseil de surveillance et approuvée par les deux assemblées d'associés.

Section 3. Transformation et dissolution de la SCA

La transformation de la société en commandite par actions en SA ou en SARL est décidée par l'assemblée générale extraordinaire des actionnaires, avec l'accord de la majorité des associés commandités.

Les causes de dissolution de la SA s'appliquent à la SCA auxquelles viennent se rajouter des causes spécifiques tels que le décès, l'incapacité ou le redressement judiciaire d'un associé commandité (sauf clause contraire des statuts).

§ 3. Les décisions collectives

L'assemblée des commandités qui obéit aux règles des SNC ; sauf clauses contraires, ils statueront à l'unanimité et sont consultés soit en assemblée, soit par correspondance si les statuts le permettent

Les décisions collectives doivent être adoptées par deux assemblées distinctes

L'assemblée des commanditaires qui répond aux règles des assemblées dans la SA.

§ 4. Le régime des conventions

Les règles et la procédure de contrôle applicables aux conventions réglementées, libres et interdites sont celles de la SA (V. supra, titre 2, chap.1)

Les conventions réglementées devront être autorisées et motivées, en l'occurrence, par le conseil de surveillance et approuvée par les deux assemblées d'associés

Section 3. Transformation et dissolution de la SCA

La transformation de la société en commandite par actions en SA ou en SARL est décidée par l'assemblée générale extraordinaire des actionnaires, avec l'accord de la majorité des associés commandités.

Les causes de dissolution de la SA s'appliquent à la SCA auxquelles viennent se rajouter des causes spécifiques tels que le décès, l'incapacité ou le redressement judiciaire d'un associé commandité (sauf clause contraire des statuts)

Chapitre 4. Les valeurs mobilières émises par les sociétés par actions

Section 1. Présentation des valeurs mobilières

Il existe une grande variété de valeurs mobilières. Elles constituent un mode intéressant de financement, offert aux sociétés par actions qu'elles soient cotées, ou non.

Les valeurs mobilières sont des titres financiers lesquels comprennent selon l'article L. 211-1 du code monétaire et financier :

- les titres de capital qui sont représentatifs d'une quote-part dans le capital. Ce sont principalement les actions et les autres titres donnant ou pouvant donner accès au capital.

- les titres de créances qui sont représentatifs d'un emprunt, dont le titre principal est l'obligation. Cependant il existe de nombreuses autres valeurs mobilières représentatives d'un droit de créance issue de la pratique boursière (warrants financiers, certificats de valeur garantie, etc.). Ces titres innommés ont reçu une reconnaissance légale depuis leur insertion dans le code de commerce par l'ordonnance du 31 juillet 2014.

Les valeurs mobilières doivent faire l'objet d'une inscription en compte, tenu soit par la société émettrice, soit par un intermédiaire financier (banque, société de bourse) ce qui est le cas lorsque la société est cotée en bourse. Les titres sont détenus soit au nominatif, soit au porteur. Pour les titres au porteur, l'identité du titulaire peut être ignorée de la société émettrice. La transmission des titres se fait par virement de compte à compte.

Les valeurs mobilières émises par les sociétés par actions sont régies par les articles L.228-1 à L. 228-106 du code de commerce selon les catégories de titres suivantes :

- les actions (art. L 228-7 à L.229-29-7) ;

- les valeurs mobilières représentatives d'un droit de créance qui comprennent les titres participatifs et les obligations, et depuis l'ordonnance du 31 juillet 2014, tous les autres titres de créances dont les conditions sont prévues par les statuts ou par le contrat d'émission de la société (art. L.228-36-A à L.228-90) ;

- les valeurs mobilières donnant accès au capital ou donnant droit à l'attribution de titres de créance (art.L.228-91 à L.228-106) ;

Les titres participatifs ne sont émis que par les sociétés par actions appartenant au secteur public et les sociétés coopératives constituées sous la forme de SA ou de SARL ; leur régime est particulier. Il se caractérise par une absence de droits de vote et une rémunération variable. Les titres participatifs en général peu utilisés ne seront pas étudiés dans les développements qui suivent.

Chapitre 4. Les valeurs mobilières émises par les sociétés par actions

Section 1. Présentation des valeurs mobilières

Les valeurs mobilières sont des titres financiers lesquels comprennent selon l'article L. 211-1 du code monétaire et financier :

Les titres de capital qui sont représentatifs d'une quote-part dans le capital. Ce sont principalement les actions.

Les titres de créances qui sont représentatifs d'un emprunt, dont le titre principal est l'obligation.

Les valeurs mobilières doivent faire l'objet d'une inscription en compte, tenu soit par la société émettrice, soit par un intermédiaire financier (banque, société de bourse).

La transmission des titres se fait par virement de compte à compte.

Les valeurs mobilières émises par les sociétés par actions sont régies par les articles L.228-1 à L. 228-106 C.com selon les catégories de titres suivants :

Les actions

Les valeurs mobilières représentatives d'un droit de créance : titres participatifs, obligations et autres titres de créances

Les valeurs mobilières donnant accès au capital ou donnant droit à l'attribution de titres de créance

Les titres participatifs ne sont émis que par les sociétés par actions appartenant au secteur public et les sociétés coopératives constituées sous la forme de SA ou de SARL ; ils ne seront pas étudiés dans les développements qui suivent.

Section 2. Les actions

On compte deux catégories d'actions. Les actions ordinaires qui n'offrent aucun avantage particulier ou droit supplémentaire par rapport aux droits reconnus à tout associé et les actions de préférence qui regroupent des actions assorties de droits divers, selon les souhaits de l'émetteur.

§ 1. Les actions ordinaires

L'action confère à son détenteur la propriété d'une partie du capital et la qualité d'actionnaire avec les droits qui y sont associés.

Les actions vont, d'une part, donner à leur propriétaire des droits financiers :

- droit aux dividendes,

- droit, lors de la liquidation de la société, au remboursement de leur apport et au boni de liquidation,

- droit de priorité, lors d'une augmentation de capital, de souscrire aux actions nouvelles, proportionnellement au montant de leur action (droit préférentiel de souscription mais qui peut être supprimé par l'assemblée générale extraordinaire).

Les actions vont conférer, d'autre part, des droits patrimoniaux dans la mesure où elles constituent un bien dans le patrimoine de l'actionnaire :

- droit de céder ses actions dans la limite des clauses statutaires comme par exemple les clauses d'agrément,

- droit d'obtenir un crédit en nantissant ses actions,

L'actionnaire se voit enfin reconnaitre des droits non pécuniaires :

- droit à l'information,

- droit de participer aux décisions collectives et à la gestion de la société.

§ 2. Les actions de préférence

À côté des actions ordinaires, les sociétés par actions ont la possibilité d'émettre lors de la constitution de la société ou au cours de son existence (décision prise en AGE), des actions de préférence, avec ou sans droit de vote, assorties de droits particuliers de toute nature (Art. L.228-11 C.com)

Les droits susceptibles d'être attachés aux actions de préférence peuvent être :

- financiers (attribution d'un dividende prioritaire ou d'une priorité sur le boni de liquidation) ;

- politiques (droit d'information renforcé, droit à un certain nombre de sièges au conseil d'administration ou au conseil de surveillance, droit de veto sur certaines décisions ou droit de vote double dans la SA ou multiple dans la SAS)

Sur l'aménagement du droit de vote le texte dispose par ailleurs que le droit de vote peut être aménagé pour un délai déterminé ou déterminable. Il peut être suspendu pour une durée déterminée ou déterminable, voire supprimé. Toutefois, les actions de préférence sans droit de vote ne peuvent représenter plus de la moitié du capital social, et dans les sociétés dont les actions sont admises aux négociations sur un marché réglementé, plus du quart du capital social.

Section 2. Les actions

§ 1. Les actions ordinaires

L'action confère à son détenteur la propriété d'une partie du capital et la qualité d'actionnaire avec les droits qui y sont associés.

Droits financiers

- droit aux dividendes

- droit au boni de liquidation

- droit de priorité, lors d'une augmentation de capital, de souscrire aux actions nouvelles, proportionnellement au montant de leur action

Droits patrimoniaux

- droit de céder ses actions dans la limite des clauses statutaires

- droit d'obtenir un crédit en nantissant ses actions

Droits non financiers

- droit à l'information

- droit de participer aux décisions collectives et à la gestion de la société

§ 2. Les actions de préférence

Les sociétés par actions ont la possibilité d'émettre lors de la constitution de la société ou au cours de son existence (décision prise en AGE), des actions de préférence, avec ou sans droit de vote, assorties de droits particuliers de toute nature
(Art. L.228-11 C.com)

Les droits susceptibles d'être attachés aux actions de préférence peuvent être :

- financiers (attribution d'un dividende prioritaire ou d'une priorité sur le boni de liquidation)

- politiques (droit d'information renforcé, droit à un certain nombre de sièges au conseil d'administration ou au conseil de surveillance, droit de veto sur certaines décisions ou droit de vote double dans la SA ou multiple dans la SAS)

Sur l'aménagement du droit de vote le texte dispose :

- qu'il peut être aménagé pour un délai déterminé ou déterminable

- qu'Il peut être suspendu pour une durée déterminée ou déterminable, voire supprimé

Toutefois, les actions de préférence sans droit de vote ne peuvent représenter plus de la moitié du capital social, et dans les sociétés dont les actions sont admises aux négociations sur un marché réglementé, plus du quart du capital social.

Section 3. Les obligations

Une obligation est un titre de créance représentant un emprunt. Comme l'action, c'est un titre négociable qui peut être coté en bourse. Mais à la différence de l'action, l'obligation ne confère pas à son titulaire la qualité d'associé.

Cette valeur mobilière présente pour la société émettrice l'avantage d'obtenir un financement sans avoir à procéder à une augmentation de son capital avec cependant, pour inconvénient, de verser un intérêt même si son exercice est déficitaire.

§ 1. Conditions de l'émission des obligations

Une société par actions ne peut émettre des obligations que si les conditions suivantes sont remplies :

- avoir établi deux bilans régulièrement approuvés par les actionnaires ou avoir procédé à une vérification de l'actif et du passif par un commissaire.
- avoir intégralement libéré son capital

L'émission d'obligations doit être décidée par le conseil d'administration, le directoire, le ou les gérants sauf si les statuts réservent ce pouvoir à l'assemblée générale ordinaire ou si cette dernière décide d'en émettre.

§ 2. Droits des obligataires

L'obligataire est un créancier et non un associé. Il ne participe pas aux assemblées, ne vote pas et ne peut intervenir dans la gestion de la société.

La défense de ses droits individuels se fait de manière collective au sein d'un groupement nommé la masse des obligataires. Ce groupement doté de la personnalité morale, rassemble les porteurs d'obligations d'une même émission.

L'obligataire a droit au versement annuel d'un intérêt en principe fixe et au remboursement du capital à l'échéance. Cependant, en fonction des modalités stipulées, le régime financier des obligations peut être différent (revenu variable, remboursement du capital par voie d'amortissement annuel etc.)

Section 3. Les obligations

Une obligation est un titre de créance représentant un emprunt.

Comme l'action, c'est un titre négociable qui peut être coté en bourse.

Mais à la différence de l'action, l'obligation ne confère pas à son titulaire la qualité d'associé.

Cette valeur mobilière présente pour la société émettrice l'avantage d'obtenir un financement sans avoir à procéder à une augmentation de son capital avec cependant, pour inconvénient, de verser un intérêt même si son exercice est déficitaire.

§ 1. Conditions de l'émission des obligations

Une société par actions ne peut émettre des obligations que si les conditions suivantes sont remplies :

- avoir établi deux bilans régulièrement approuvés par les actionnaires ou avoir procédé à une vérification de l'actif et du passif par un commissaire.

- avoir intégralement libéré son capital

L'émission d'obligations doit être décidée par le conseil d'administration, le directoire, le ou les gérants sauf si les statuts réservent ce pouvoir à l'assemblée générale ordinaire ou si cette dernière décide d'en émettre.

§ 2. Droits des obligataires

L'obligataire est un créancier et non un associé. Il ne participe pas aux assemblées, ne vote pas et ne peut intervenir dans la gestion de la société.

La défense de ses droits individuels se fait de manière collective au sein d'un groupement nommé la masse des obligataires.

L'obligataire a droit au versement annuel d'un intérêt en principe fixe et au remboursement du capital à l'échéance sauf stipulations prévoyant des modalités différentes.

Section 4. Les valeurs mobilières donnant accès au capital ou donnant droit à l'attribution de titres de créance.

Les sociétés par action peuvent émettre des valeurs mobilières donnant accès au capital ou donnant droit à l'attribution de titres de créances.

L'ordonnance de 2004 a unifié le régime de ces valeurs mobilières qualifiées de titres complexes ou de titres composés. L'ordonnance du 31 juillet 2014 est venue simplifier le régime de ces valeurs mobilières.

Il peut s'agir par exemple :

- d'actions à bon de souscription d'actions (ABSA) ou d'actions à bon de souscription d'obligations (ABSO),

- d'obligations convertibles en actions nouvelles (OCA),

- d'obligations échangeables en actions existantes (OEA) ou d'obligations à bon de souscription d'obligations (OBSO),

L'émission de ces titres ne peut intervenir qu'après décision prise en AGE lorsque ces valeurs mobilières complexes se traduisent par une augmentation de capital immédiate ou à terme de la société émettrice comme les ABSA ou les OCA. Lorsqu'elles ne se traduisent pas immédiatement ou à terme par une augmentation de capital, par exemple les OEA, leur émission relève de la compétence des organes de direction ou de l'organe déterminé par les statuts.

Comme les obligataires, les titulaires de ces valeurs mobilières sont regroupés en une masse qui jouit de la personnalité civile.

Section 4. Les valeurs mobilières donnant accès au capital ou donnant droit à l'attribution de titres de créance.

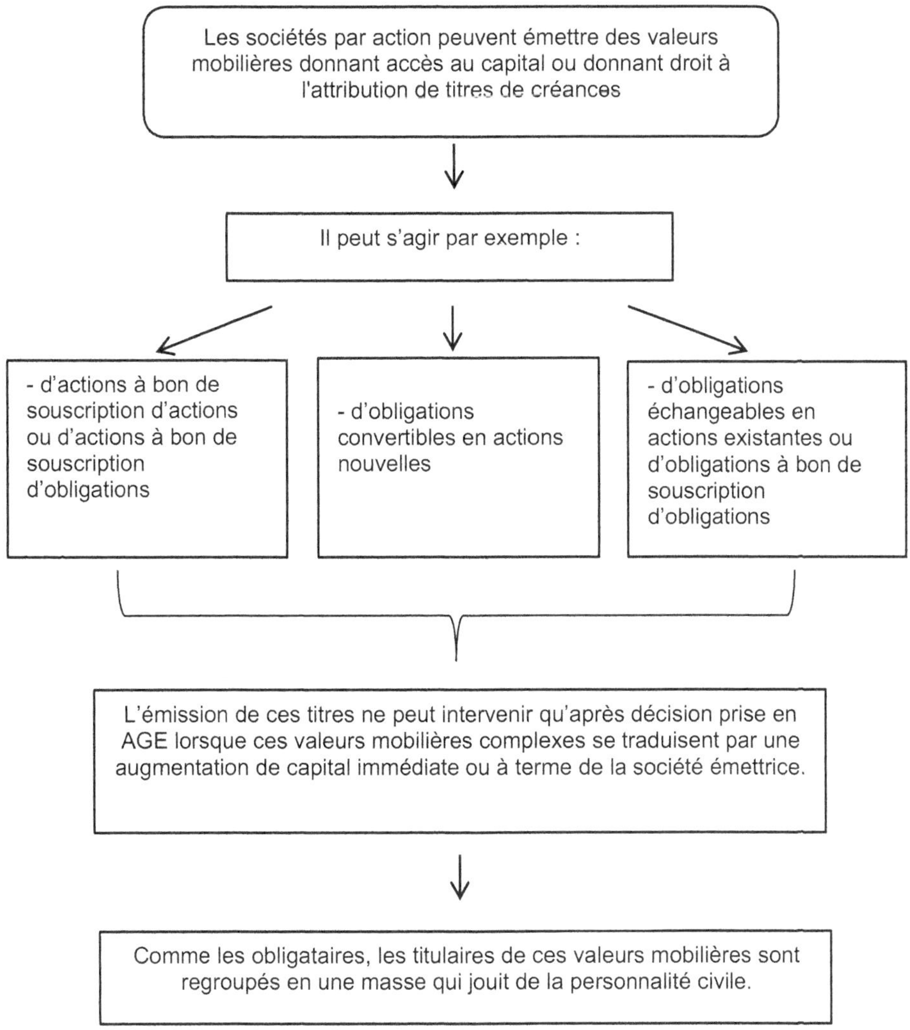

Titre 3. Les sociétés à risque illimité

Les sociétés étudiées dans le cadre de ce titre 3 sont regroupées autour d'une caractéristique commune liée à la responsabilité illimitée ou indéfinie qui pèse sur les associés.

Aussi, en raison des risques encourus, ces sociétés ont également un autre point commun : elles sont marquées par un fort *intuitu personae*, la personnalité des associés et la confiance réciproque étant déterminantes.

On trouve dans cette catégorie de sociétés, d'une part les sociétés commerciales que sont les sociétés en nom collectif (SNC) et les sociétés en commandite simple (SCS) et d'autre part, les sociétés civiles.

Chapitre 1. La société en nom collectif

La société en nom collectif convient bien aux sociétés à caractère familial mais elle est aussi utilisée dans les groupes de société principalement pour des raisons fiscales.

La SNC est réglementée par les articles L.221-1 à L.221-16 du code de commerce.

Section 1. Constitution de la SNC

§ 1. Les associés

Les associés doivent être au minimum deux. Ils peuvent être des personnes morales ou des personnes physiques. Ils ont tous la qualité de commerçants. Ainsi certaines personnes ne peuvent pas être associées comme les mineurs ou les personnes interdites d'exercer une activité commerciale.

§ 2. Le capital et les apports

Les règles à cet égard sont très souples. La loi ne fixe pas de montant minimum pour le capital.

Il peut être constitué :

- d'apport en numéraire dont la libération est librement décidée par les associés ;
- d'apport en nature, la loi ne fixe aucune procédure de vérification ou d'évaluation ;
- d'apport en industrie.

Enfin, le capital est divisé en parts sociales.

§ 3. Les formalités de constitution

Elles sont identiques à celles de la création de toute société. Les statuts doivent être rédigés avec soin. L'objet social doit être bien défini, car il va délimiter les pouvoirs du gérant. L'essentiel des conditions de fonctionnement de la société résulte des statuts.

Titre 3. Les sociétés à risque illimité

Chapitre 1. La société en nom collectif

La SNC convient bien aux sociétés à caractère familial mais elle est aussi utilisée dans les groupes de société principalement pour des raisons fiscales.

↓

La SNC est réglementée par les articles L.221-1 à L.221-16 du code de commerce.

Section 1. Constitution de la SNC

§ 1. Les associés ⇒

Au minimum deux.

Personnes morales ou personnes physiques.

Commerçants (les mineurs ou les personnes interdites d'exercer une activité commerciale sont exclues)

§ 2. Le capital et les apports ⇒

Pas de montant minimum

Il peut être constitué :
- d'apports en numéraire dont la libération est librement décidée par les associés
- d'apports en nature, la loi ne fixe aucune procédure de vérification ou d'évaluation
- d'apports en industrie

Le capital est divisé en parts sociales.

§ 2. Les formalités de constitution ⇒

Identiques à celles de la création de toute société.

L'essentiel des conditions de fonctionnement de la société résulte des statuts.

Section 2. Fonctionnement de la SNC

§ 1. La gérance

I. Nomination

La SNC est dirigée par un plusieurs gérants désignés soit dans les statuts, soit par décision ultérieure des associés. Si les statuts n'ont rien prévu, tous les associés sont gérants.

Le gérant peut être associé ou non associé, personne physique ou morale. À la différence du gérant non associé, le gérant associé ne peut pas cumuler son mandat avec un contrat de travail car étant commerçant, il est assujetti au statut social des travailleurs indépendants.

II. Pouvoirs

Les statuts déterminent les pouvoirs du gérant. À défaut de précision, le gérant peut faire tous les actes de gestion dans l'intérêt de la société.

À l'égard des tiers, le gérant représente la société. Cependant, la société ne sera engagée que pour les actes qui entrent dans l'objet social.

Les clauses limitatives de pouvoirs sont inopposables aux tiers mais la responsabilité du gérant pourra être engagée.

Section 2. Fonctionnement de la SNC

§ 1. La gérance

La SNC est dirigée par un plusieurs gérants

I. Nomination

Désignés soit dans les statuts, soit par décision ultérieure des associés.

Si les statuts n'ont rien prévu, tous les associés sont gérants.

Gérant associé ou non associé, personne physique ou morale.

À la différence du gérant non associé, le gérant associé ne peut pas cumuler son mandat avec un contrat de travail car étant commerçant, il est assujetti au statut social des travailleurs indépendants.

II. Pouvoirs

Les statuts déterminent les pouvoirs du gérant. À défaut de précision, le gérant peut faire tous les actes de gestion dans l'intérêt de la société.

Les clauses limitatives de pouvoirs sont inopposables aux tiers.

À l'égard des tiers, le gérant représente la société.

Cependant, la société ne sera engagée que pour les actes qui entrent dans l'objet social.

III. Révocation

Le gérant peut être révoqué à tout moment. Si sa révocation est décidée sans justes motifs, elle peut donner lieu à des dommages et intérêts.

Les conditions de la révocation et de ses effets sont différentes selon le statut du gérant.

Si tous les associés sont gérants ou si un ou plusieurs gérants choisis parmi les associés sont désignés dans les statuts, la révocation de l'un d'eux ne peut être décidée qu'à l'unanimité des autres associés. La révocation entraîne alors la dissolution de la société, à moins que sa continuation ne soit prévue par les statuts ou que les autres associés ne la décident à l'unanimité.

Si le gérant est associé non statutaire, il est révoqué dans les conditions prévues par les statuts ou, à défaut, par décision des autres associés, prise à l'unanimité. La révocation n'entraine pas la dissolution de la société.

Enfin, le gérant non associé peut être révoqué dans les conditions prévues par les statuts, sinon, par une décision des associés prise à la majorité.

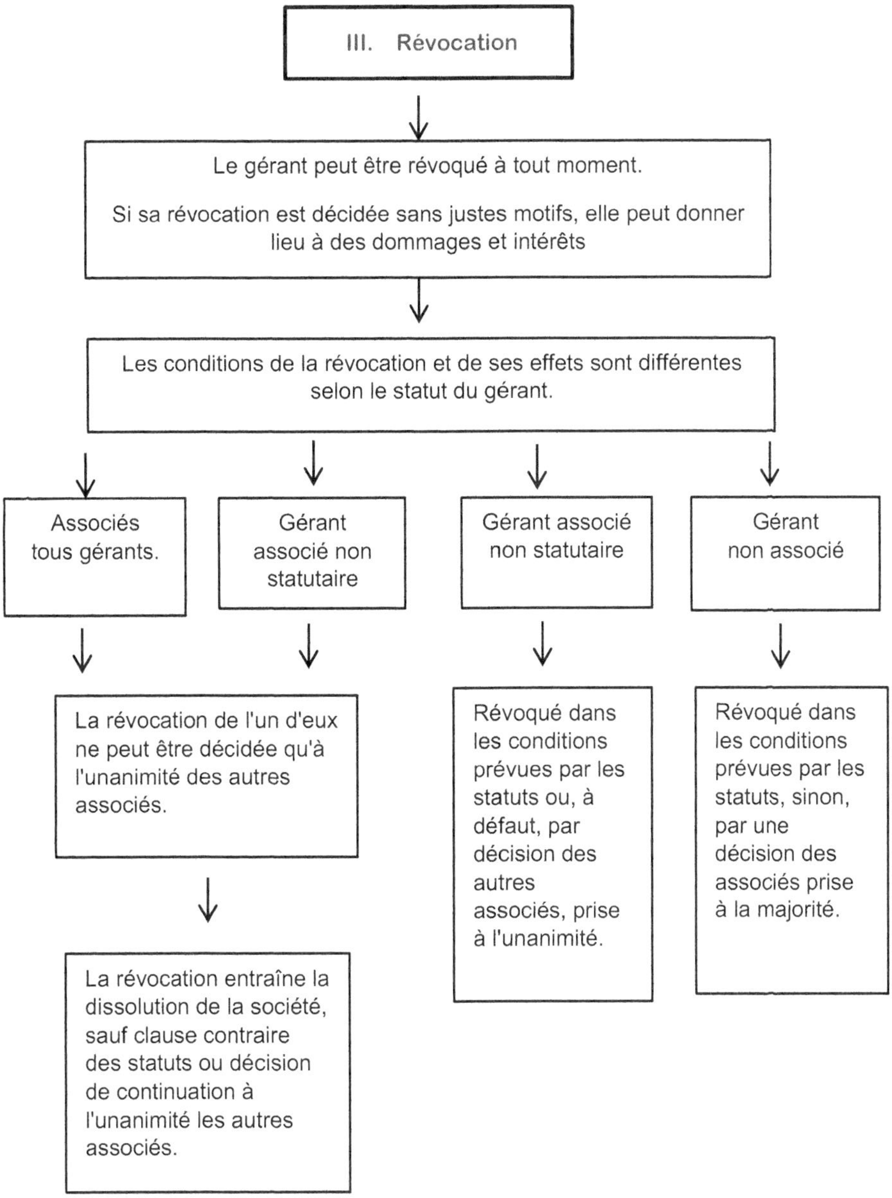
III. Révocation
Le gérant peut être révoqué à tout moment.
Si sa révocation est décidée sans justes motifs, elle peut donner lieu à des dommages et intérêts
Les conditions de la révocation et de ses effets sont différentes selon le statut du gérant.
Associés tous gérants.
Gérant associé non statutaire
Gérant associé non statutaire
Gérant non associé
La révocation de l'un d'eux ne peut être décidée qu'à l'unanimité des autres associés.
La révocation entraîne la dissolution de la société, sauf clause contraire des statuts ou décision de continuation à l'unanimité les autres associés.
Révoqué dans les conditions prévues par les statuts ou, à défaut, par décision des autres associés, prise à l'unanimité.
Révoqué dans les conditions prévues par les statuts, sinon, par une décision des associés prise à la majorité.

§ 2. Les associés

I. La responsabilité indéfinie et solidaire de l'associé

Les associés répondent indéfiniment et solidairement des dettes de la société. Cela signifie que le créancier peut demander le remboursement total des sommes qui lui sont dues à l'un quelconque des associés.

Le créancier doit avant de poursuivre l'associé, mettre en demeure la société par acte extrajudiciaire. A défaut de règlement dans les huit jours par la société, le créancier peut alors s'adresser à l'un des associés.

L'associé qui a payé la totalité des dettes peut ensuite se retourner contre ses coassociés pour réclamer à chacun sa part selon la répartition prévue dans les statuts ou, sinon, à proportion de la part de chacun dans le capital social.

II. Le droit aux bénéfices

La distribution des bénéfices se fait dans les proportions et conditions prévues par les statuts.

III. Le droit d'information et de communication

Deux fois par an, les associés ont le droit d'obtenir communication au siège les livres et les documents sociaux et de poser par écrit des questions sur la gestion sociale, auxquelles il doit être répondu également par écrit.

Quinze jours avant l'assemblée annuelle, le rapport de gestion et les comptes annuels établis par les gérants, le texte des résolutions ainsi que, le cas échéant, le rapport des commissaires aux comptes doivent être communiqués aux associés.

§ 2. Les associés

I. La responsabilité indéfinie et solidaire de l'associé

Les associés répondent indéfiniment et solidairement des dettes de la société.

Le créancier peut demander le remboursement total des sommes qui lui sont dues à l'un quelconque des associés.

Le créancier doit avant de poursuivre l'associé, mettre en demeure la société par acte extrajudiciaire.

À défaut de règlement dans les huit jours par la société, le créancier peut alors s'adresser à l'un des associés.

L'associé qui a payé la totalité des dettes peut ensuite se retourner contre ses coassociés pour réclamer à chacun sa part selon la répartition prévue dans les statuts ou, à défaut, à proportion de la part de chacun dans le capital social

II. Le droit aux bénéfices

La distribution des bénéfices se fait dans les proportions et conditions prévues par les statuts.

III. Le droit d'information et de communication

Deux fois par an

Les associés ont le droit d'obtenir communication au siège les livres et les documents sociaux et de poser par écrit des questions sur la gestion sociale, auxquelles il doit être répondu également par écrit.

Quinze jours avant l'assemblée annuelle

Le rapport de gestion et les comptes annuels établis par les gérants, le texte des résolutions ainsi que, le cas échéant, le rapport des commissaires aux comptes doivent être communiqués aux associés.

IV. Le droit de vote

Les associés vont exercer ce droit de vote pour prendre des décisions qui excèdent les pouvoirs reconnus aux gérants. Ils peuvent être consultés par écrit.

Ils se réunissent en assemblée au moins une fois par an, dans le délai de six mois à compter de la clôture de l'exercice pour approuver les comptes annuels.

Les décisions collectives sont prises à l'unanimité, sauf clauses contraires des statuts (mais l'unanimité est obligatoire pour la cession des parts et la révocation du gérant statutaire associé).

Chaque associé dispose d'une seule voix (un homme égal une voix) mais les statuts peuvent en décider autrement et prévoir, par exemple, une voix par parts sociales.

V. La cession des parts sociales

L'associé d'une SNC ne pourra céder ses parts qu'avec l'accord de tous les associés, quel que soit le bénéficiaire (associé ou conjoint par exemple). C'est une règle d'ordre public à laquelle les statuts ne peuvent pas déroger. Si l'unanimité n'est pas obtenue, l'associé reste donc prisonnier de ses titres.

§ 3. Le contrôle par le commissariat aux comptes

La présence d'un commissaire aux comptes est facultative dans les SNC. Toutefois, sa désignation est obligatoire lorsque la société dépasse à la clôture d'un exercice social deux des trois critères suivants :

- le total du bilan est de 4 000 000 euros,
- le montant hors taxe du chiffre d'affaires est de 8 000 000 euros
- le nombre moyen de salariés est de cinquante.

IV. Le droit de vote

Les associés vont exercer ce droit de vote pour prendre des décisions qui excèdent les pouvoirs reconnus aux gérants. Ils peuvent être consultés par écrit.

- Ils se réunissent en assemblée au moins une fois par an, dans le délai de six mois à compter de la clôture de l'exercice pour approuver les comptes annuels.
- Les décisions collectives sont prises à l'unanimité, sauf clauses contraires des statuts (mais l'unanimité est obligatoire pour la cession des parts et la révocation du gérant statutaire associé).
- Chaque associé dispose d'une seule voix (un homme égal une voix) mais les statuts peuvent en décider autrement et prévoir, par exemple, une voix par parts sociales.

V. La cession des parts sociales

L'associé d'une SNC ne pourra céder ses parts qu'avec l'accord de tous les associés, quel que soit le bénéficiaire (associé ou conjoint par exemple).

C'est une règle d'ordre public à laquelle les statuts ne peuvent pas déroger.

Si l'unanimité n'est pas obtenue, l'associé reste donc prisonnier de ses titres.

§ 3. Le contrôle par le commissariat aux comptes

Sa désignation est obligatoire lorsque la société dépasse à la clôture d'un exercice social deux des trois critères suivants :

- le total du bilan est de 4 000 000 euros
- le montant hors taxe du chiffre d'affaires est de 8 000 000€
- le nombre moyen de salariés est de cinquante.

Section 3. La dissolution de la SNC

Outre les causes de dissolution communes à toutes les sociétés, la SNC sera dissoute dans les cas suivants :

- révocation du gérant statutaire, à moins que la continuation de la société ne soit prévue par les statuts, ou que les autres associés ne la décident à l'unanimité ;

- si un associé est en liquidation judiciaire ou touché par une interdiction d'exercer une activité commerciale, ou par une mesure d'incapacité ; là aussi la continuation de la société peut être prévue dans les statuts ou décidée à l'unanimité des autres associés ;

- décès d'un associé mais les statuts peuvent prévoir une clause de continuation avec les associés restants, avec ou sans les héritiers de l'associé décédé, ou une partie d'entre eux.

Section 3. La dissolution de la SNC

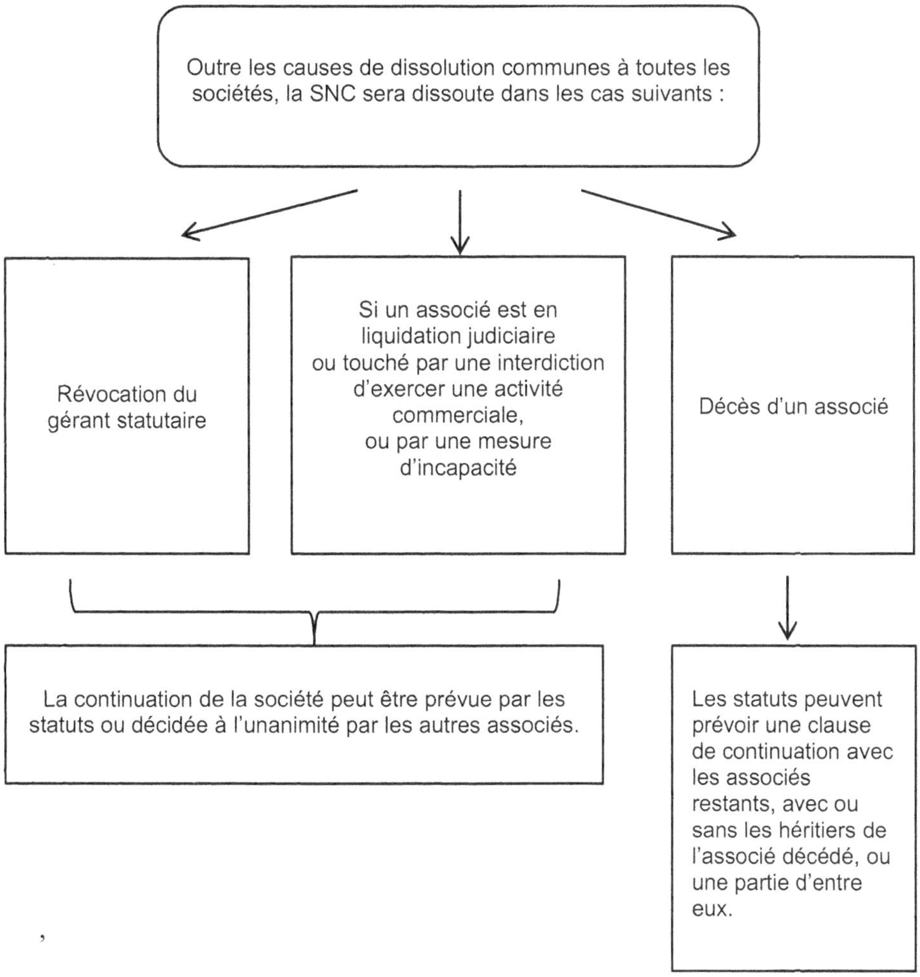

Chapitre 2. La société en commandite simple

Section 1. Présentation et conditions de constitution de la SCS

§ 1. Présentation de la SCS

La société en commandite simple ou SCS est comme la société en commandite par actions une société qui comprend deux catégories d'associés :

- les associés commandités dont le statut est celui des associés en nom collectif (responsabilité indéfinie et solidaire) et qui gèrent la société ;

- les associés commanditaires qui ne supportent les pertes qu'à concurrence de leur apport et qui ne doivent pas s'immiscer dans la gestion de la société avec les tiers.

Mais à la différence de la SCA, les parts de SCS ne sont pas représentées par des titres négociables.

La SCS est une structure qui résulte souvent de la transformation d'une SNC suite au décès d'un de ses associés afin d'intégrer ses héritiers mineurs. Ces derniers ne pouvant avoir la qualité d'associés en nom qui requiert la capacité commerciale vont alors devenir commanditaires.

La SCS est régie par les règles de la SNC sous réserve des règles qui lui sont propres, prévues aux articles L.222-1 à L.222-12 du code de commerce.

. § 2. Conditions de constitution

I. Les associés

Il doit y avoir au moins deux associés : un associé commandité et un associé commanditaire.

II. Le capital social

Comme dans la SNC, aucun capital minimum n'est requis. Il est divisé en parts sociales. Les apports peuvent être en espèce, en nature, ou en industrie pour les commandités uniquement.

III. Les formalités de constitution

Les formalités de constitution sont les mêmes que celles applicables aux SNC (V. *supra,* chap.1).

Chapitre 2. La société en commandite simple

Section 1. Présentation et conditions de constitution de la SCS

La société en commandite simple ou SCS est comme la société en commandite par actions une société qui comprend deux catégories d'associés :

- Les associés commandités dont le statut est celui des associés en nom collectif (responsabilité indéfinie et solidaire) et qui gèrent la société.
- Les associés commanditaires qui ne supportent les pertes qu'à concurrence de leur apport et qui ne doivent pas s'immiscer dans la gestion de la société avec les tiers.

Mais à la différence de la SCA, les parts de SCS ne sont pas représentées par des titres négociables.

La SCS est régie par les règles de la SNC sous réserve des règles qui lui sont propres, prévues aux articles L.222-1 à L.222-12 du code de commerce

§ 2. Conditions de constitution

I. Les associés	Deux associés au moins : un associé commandité et un associé commanditaire.
II. Le capital social	Aucun capital minimum n'est requis. Il est divisé en parts sociales. Les apports peuvent être en espèce, en nature, ou en industrie pour les commandités uniquement.
III. Les formalités de constitution	Les formalités de constitution sont les mêmes que celles applicables aux SNC (V. *supra*, chap.1)

Section 2. Fonctionnement de la SCS

§ 1. La gérance

La SCS est administrée par un ou plusieurs gérants choisis parmi les associés commandités ou des tiers extérieurs à la société.

Les conditions de nomination, de pouvoirs, de responsabilité et de révocation obéissent aux règles de la gérance d'une SNC (V. *supra,* chap.1, titre 3).

§ 2. Les associés

Les droits individuels et collectifs des associés sont les mêmes que ceux des associés en nom collectif (V. *supra*, chap.1).

Les décisions ordinaires sont prises dans les conditions fixées par les statuts. Toutefois, la réunion d'une assemblée de tous les associés est de droit, si elle est demandée soit par un commandité, soit par le quart en nombre et en capital des commanditaires.

Les décisions extraordinaires sont décidées avec le consentement de tous les commandités et de la majorité en nombre et en capital des commanditaires, sauf clauses statutaires plus souples. Le changement de nationalité requiert en revanche l'unanimité des associés.

Section 2. Fonctionnement de la SCS

§ 1. La gérance

La SCS est administrée par un ou plusieurs gérants choisis parmi les associés commandités ou des tiers extérieurs à la société.

Les conditions de nomination, de pouvoirs, de responsabilité et de révocation obéissent aux règles de la gérance d'une SNC.

§ 2. Les associés

Les droits individuels et collectifs des associés sont les mêmes que ceux des associés en nom collectif.

Les décisions ordinaires sont prises dans les conditions fixées par les statuts.

Toutefois, la réunion d'une assemblée de tous les associés est de droit, si elle est demandée soit par un commandité, soit par le quart en nombre et en capital des commanditaires.

Les décisions extraordinaires sont décidées avec le consentement de tous les commandités et de la majorité en nombre et en capital des commanditaires, sauf clauses statutaires plus souples.

Le changement de nationalité requiert l'unanimité des associés.

§ 3. La cession des parts sociales

Les parts sociales ne peuvent être cédées qu'avec le consentement de tous les associés.

Les statuts peuvent cependant prévoir des règles plus souples :

- libre cessibilité entre associés des parts des associés commanditaires ;

- cession des parts des associés commanditaires à des tiers étrangers à la société avec le consentement de tous les commandités et de la majorité en nombre et en capital des commanditaires ;

- cession d'une partie des parts d'un associé commandité à un commanditaire ou à un tiers étranger à la société aux conditions précédentes.

Section 3. La dissolution de la SCS

Aux causes de dissolution communes aux sociétés, viennent s'ajouter les causes spécifiques suivantes :

- le décès de l'un des commandités, mais les statuts peuvent prévoir que la société continue avec ses héritiers. Si ces derniers sont mineurs, ils deviennent commanditaires ;

- le décès de l'unique associé commandité laissant pour seuls héritiers des mineurs si la société ne se transforme pas, ou ne procède pas au remplacement de l'associé par un nouvel associé commandité ;

- en cas de redressement ou de liquidation judiciaire d'un des associés commandités, d'interdiction d'exercer une profession commerciale ou d'incapacité frappant l'un des associés commandités. Cependant, la dissolution n'aura pas lieu si la continuation de la société est prévue dans les statuts et qu'il existe un ou plusieurs autres associés commandités. De même, si les associés décident la continuation à l'unanimité.

§ 3. La cession des parts sociales

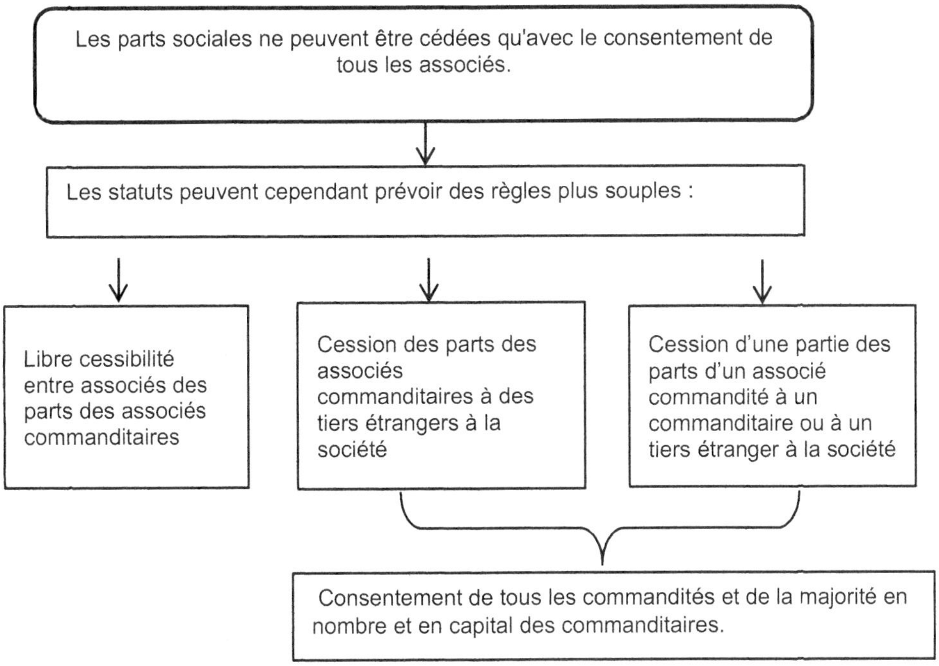

Section 3. La dissolution de la SCS

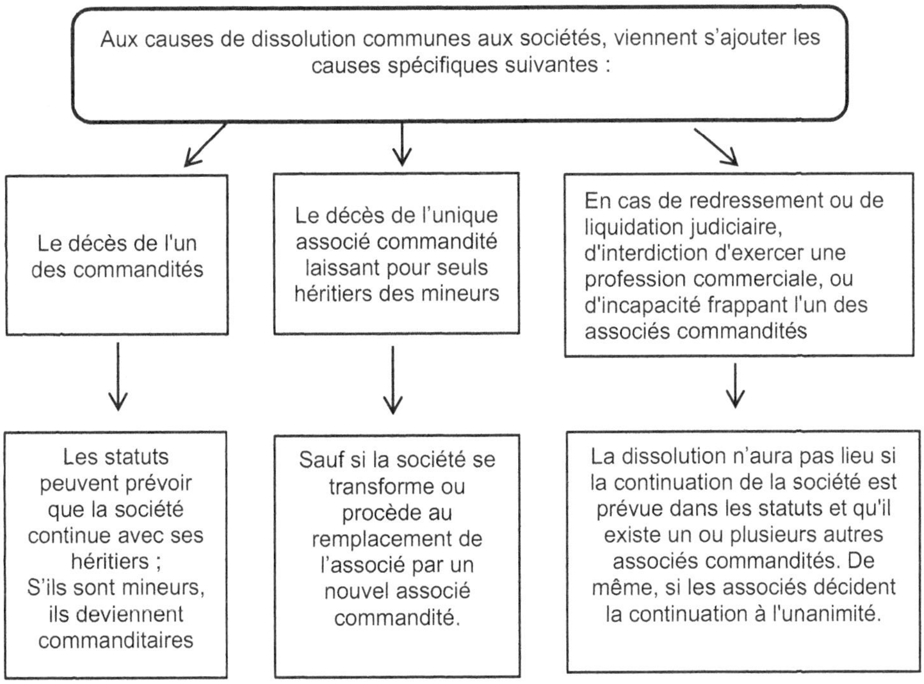

Chapitre 3. La société civile

Section 1. Présentation et constitution de la société civile

§ 1. Présentation

La société civile est une société qui n'a pas adopté une des formes juridiques des sociétés commerciales et dont l'activité est obligatoirement de nature civile (par exemple agricole, intellectuelle, libérale ou immobilière).

À côté des sociétés civiles de droit commun dont la société civile immobilière (SCI) est la plus courante, il existe des sociétés civiles dotées d'une réglementation spécifique, notamment dans le secteur libéral avec les sociétés civiles professionnelles (SCP) ou les sociétés civiles de moyen (SCM) ou encore dans le secteur immobilier comme par exemple les sociétés civiles de placement immobilier (SCPI).

Seule la société civile de droit commun sera abordée dans le cadre de cette étude.

Le régime de droit commun des sociétés civiles relève des articles 1845 à 1870 du code civil.

§ 2. Conditions de constitution

I. Les associés

La SC compte deux associés au minimum, personne physique ou morale. Les associés peuvent être majeurs ou mineurs.

II. Le capital social

Le capital est divisé en parts sociales .La loi n'impose aucun minimum. Tous les types d'apports sont permis : apport en numéraire, en nature et en industrie.

III. Les formalités de constitution

Les formalités de constitution sont semblables à celles applicables à toute création de sociétés et comme toute société, elle doit être immatriculée au registre du commerce et des sociétés pour jouir de la personnalité morale.

Chapitre 3. La société civile

Section 1. Présentation et constitution de la société civile

§ 1. Présentation

La société civile est :

Une société qui n'a pas adopté une des formes juridiques des sociétés commerciales

Une société dont l'activité est obligatoirement de nature civile

À côté des sociétés civiles de droit commun dont la société civile immobilière (SCI) est la plus courante, il existe des sociétés civiles dotées d'une réglementation spécifique, notamment dans le secteur libéral.

Seule la société civile de droit commun sera abordée dans le cadre de cette étude.
Le régime de droit commun des sociétés civiles relève des articles 1845 à 1870 du code civil.

§ 2. Conditions de constitution

I. Les associés

Deux associés au minimum, personne physique ou morale.
Les associés peuvent être majeurs ou mineurs.

II. Le capital social

Le capital est divisé en parts sociales.
La loi n'impose aucun minimum.
Tous les types d'apports sont permis : apport en numéraire, en nature et en industrie.

III. Les formalités de constitution

Les formalités de constitution sont semblables à celles applicables à toute création de sociétés et comme toute société, elle doit être immatriculée au registre du commerce et des sociétés pour jouir de la personnalité morale.

Section 2. Le fonctionnement de la Société civile

§ 1. La gérance

I. Désignation

Elle est dirigée par un ou plusieurs gérants, associé ou non, personne physique ou morale.

Ils peuvent être nommés soit par les statuts, soit par un acte distinct, soit par une décision des associés représentant plus de la moitié des parts sociales, sauf disposition contraire des statuts.

La durée des fonctions est déterminée dans les statuts . A défaut de précision, les gérants sont réputés nommés pour la durée de la société.

II. Pouvoirs du gérant

Dans les rapports entre associés, le gérant peut accomplir tous les actes de gestion que demande l'intérêt de la société.

Dans les rapports avec les tiers, le gérant engage la société pour les actes entrant dans l'objet social. Le tiers devra donc s'assurer que l'acte passé avec la société rentre bien dans l'objet social. Par contre, les clauses statutaires limitant les pouvoirs sont inopposables aux tiers.

Comme tout dirigeant il est responsable individuellement envers la société et envers les tiers, soit des infractions aux lois et règlements, soit de la violation des statuts, soit des fautes commises dans sa gestion.

Section 2. Le fonctionnement de la Société civile

§ 1. La gérance

I. Désignation

Un ou plusieurs gérants, associé ou non, personne physique ou morale.

Nommés soit par les statuts, soit par un acte distinct, soit par une décision des associés représentant plus de la moitié des parts sociales, sauf disposition contraire des statuts.

La durée des fonctions est déterminée dans les statuts. À défaut de précision, les gérants sont réputés nommés pour la durée de la société.

II. Pouvoirs du gérant

Dans les rapports entre associés

Le gérant peut accomplir tous les actes de gestion que demande l'intérêt de la société.

Dans les rapports avec les tiers

Le gérant engage la société pour les actes entrant dans l'objet social.

Les clauses statutaires limitant les pouvoirs sont inopposables aux tiers.

Responsable individuellement envers la société et envers les tiers, soit des infractions aux lois et règlements, soit de la violation des statuts, soit des fautes commises dans sa gestion.

III. Révocation du gérant

Le gérant est révocable par une décision des associés représentant plus de la moitié des parts sociales, sauf disposition contraire des statuts. Si la révocation est décidée sans juste motif, elle peut donner lieu à dommages-intérêts.

Le gérant est également révocable par les tribunaux pour cause légitime, à la demande de tout associé.

Le gérant révoqué si il est associé peut, à moins qu'il en soit convenu autrement dans les statuts, exercer son droit de retrait (V. *infra*, §.2).

§ 2. Les associés

I. La responsabilité indéfinie et conjointe de l'associé

Comme dans la SNC (V. *infra*, chap. 1), la responsabilité des associés est indéfinie. L'associé peut être tenu aux dettes sociales au-delà de son apport. Mais, à la différence de la SNC, les créanciers sociaux ne peuvent poursuivre le paiement des dettes sociales contre les associés qu'après avoir préalablement et vainement poursuivi la personne morale. Autrement dit, une mise en demeure est insuffisante, il faut que le créancier exerce une action en justice contre la société et démontre que les poursuites n'ont pas abouties.

Par ailleurs, l'obligation étant conjointe et non solidaire. Les créanciers doivent agir contre chacun des associés à proportion de leur part dans le capital social. Pour l'associé qui n'a apporté que son industrie, il est tenu comme celui dont la participation dans le capital social est la plus faible.

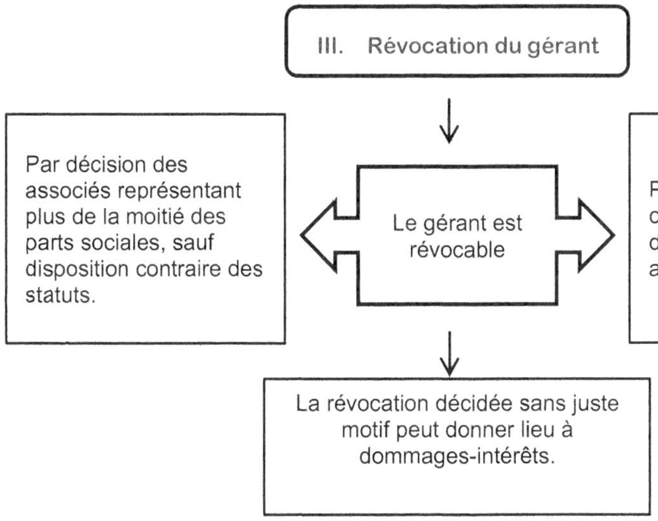

§ 2. Les associés

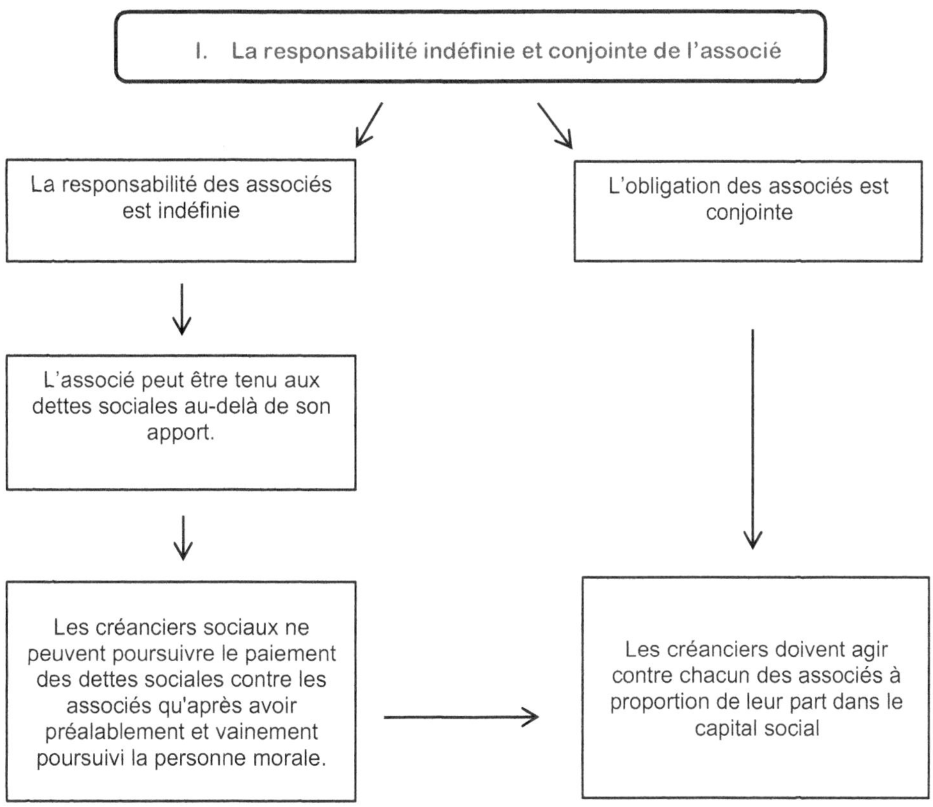

II. Le droit aux bénéfices

La distribution des bénéfices se fait dans les proportions et conditions prévues par les statuts. À défaut, la part de chaque associé se détermine à proportion de sa part dans le capital social.

III. Le droit d'information et de communication

Au moins une fois par an, les associés ont le droit d'obtenir communication au siège des livres et documents sociaux et de poser par écrit des questions sur la gestion sociale. La réponse aux questions doit être écrite dans un délai d'un mois.

Une fois dans l'année, les associés prennent connaissance du rapport de gestion établi par le gérant qui rend compte de l'activité de la société au cours de l'exercice écoulé comportant l'indication des bénéfices réalisés ou prévisibles et des pertes encourues ou prévues.

IV. Le droit de participer aux décisions collectives

Chaque associé dispose en principe d'une seule voix, mais les statuts peuvent en décider autrement.

Les décisions sont prises par les associés réunis en assemblée. Elles peuvent si les statuts le prévoient, également résulter d'une consultation écrite ou encore, le consentement de tous les associés peut être exprimé dans un acte.

Dans le silence des statuts, les décisions collectives sont prises à l'unanimité.

II. Le droit aux bénéfices

La distribution des bénéfices se fait dans les proportions et conditions prévues par les statuts.
À défaut, la part de chaque associé se détermine à proportion de sa part dans le capital social.

III. Le droit d'information et de communication

Au moins une fois par an

Les associés ont le droit d'obtenir communication au siège des livres et documents sociaux et de poser par écrit des questions sur la gestion sociale.

Une fois dans l'année

Les associés prennent connaissance du rapport de gestion établi par le gérant qui rend compte de l'activité de la société au cours de l'exercice écoulé comportant l'indication des bénéfices réalisés ou prévisibles et des pertes encourues ou prévues.

IV. Le droit de participer aux décisions collectives

Chaque associé dispose en principe d'une seule voix, mais les statuts peuvent en décider autrement.

Les décisions sont prises par les associés réunis en assemblée. Elles peuvent si les statuts le prévoient, également résulter d'une consultation écrite ou encore, le consentement de tous les associés peut être exprimé dans un acte.

Dans le silence des statuts, les décisions collectives sont prises à l'unanimité.

V. La cession des parts sociales

La loi soumet à l'agrément de tous les associés les cessions de parts sociales, à l'exception toutefois des cessions consenties à des ascendants ou descendants du cédant, non soumises à agrément. .

La loi donne cependant la possibilité aux associés de modifier ces dispositions légales.

Les statuts peuvent en effet :

- convenir que l'agrément sera obtenu à une majorité qu'ils déterminent, ou qu'il peut être accordé par les gérants ;

- dispenser d'agrément les cessions consenties à des associés ou au conjoint de l'un d'eux ;

- ou de soumettre à agrément les cessions consenties à des ascendants ou descendants du cédant.

En cas de refus d'agrément et si aucun associé ne se porte acquéreur, la société peut faire acquérir les parts par un tiers désigné à l'unanimité des autres associés, ou suivant les modalités prévues par les statuts. La société peut également procéder au rachat des parts en vue de leur annulation.

Enfin, si plusieurs associés souhaitent acquérir, ils sont, sauf clause ou convention contraire, réputés acquéreurs à proportion du nombre de parts qu'ils détenaient antérieurement.

V. La cession des parts sociales

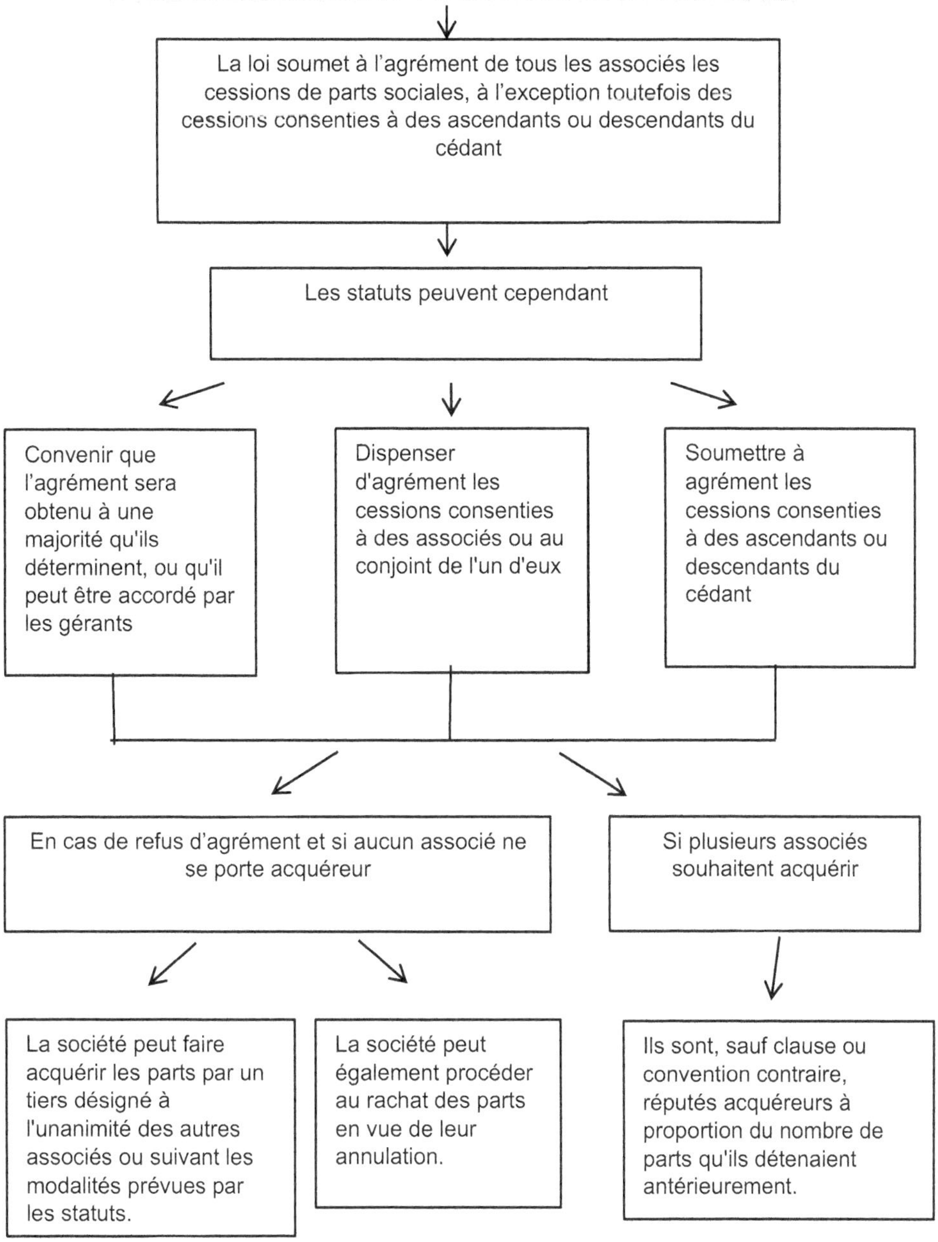

VI. Le droit de retrait

C'est une spécificité de la société civile. L'associé dispose du droit de se retirer de la société en demandant le remboursement de ses droits sociaux.

Ce droit de retrait peut être aménagé, quant à ses conditions dans les statuts. À défaut le droit de retrait sera autorisé par décision unanime des autres associés.

Ce retrait peut également être autorisé par décision de justice pour justes motifs, par exemple une mésentente avec les autres associés.

VI. Le droit de retrait

L'associé dispose du droit de se retirer de la société en demandant le remboursement de ses droits sociaux.

Ce droit de retrait peut être aménagé, quant à ses conditions dans les statuts ; à défaut, le droit de retrait sera autorisé par décision unanime des autres associés.

Ce retrait peut être autorisé par décision de justice pour justes motifs.

Index alphabétique

Table des matières

Partie 2
Les règles juridiques propres aux différentes sociétés 73

Dépôt légal : juillet 2022 - N° imprimeur : 062272633

Imprimé en France par Présence Graphique - Monts